その言葉だと何も言っていないのと同じです！

「自分の考え」を論理的に伝える技術

VOCABOW 校長
吉岡友治

日本実業出版社

はじめに

この本は**「すごく意味がありそうなのに、よく考えるとわからなくなる言葉」**について書いた。

「この言葉は、どういう意味？」と聞くと、普通は「こういう意味だよ」と教えてくれる。教えてくれなければ、辞書を調べる。それが「言葉の定義」だ。しかし、世間には、どうにも定義しにくい、あるいは、定義したらかえって困る言葉や言い回しがある。たとえば、「議論を尽くそう」「慎重に、しかし早急に決定する」など一見もっともらしいが、具体的にどうしたらいいかわからない。それでも、そういう表現が使われると、みんなうなずき、なるほどと思い、しかし実行しようとすると、何をしていいかわからなくなる。

これは、私たちの理解が浅いというよりは、むしろ、よく考えると言葉の内容自体が曖昧《あいまい》だったり、暗黙の前提がなければ成立しなかったり、論理を飛ばしていたり、するのだ。もちろん、何となくみんな同意しているから、そんなことはいちいち気にされない。しかし、それを使って、具体策に落とし込んだり、他に応用したりすると、とたんに矛盾にぶちあたる。

それでも、今さら「あれはどういう意味だったのか？」と確認できない。了解済みにして、先に進む。努力して突破しようとして、かえって、ひどい結果になる。だから、「まだ努力が足りない」とか「一人ひとりができることをしよう」とか、空疎な言葉で元気づけなければならない。でも、何だか後味が悪い。

そういう言葉や言い回しを、この本では「マジック・ワード」、つまり魔法の言葉と名づけた。**唱えるだけで何かを「やった」という雰囲気にはなるのだが、実際はうまく問題解決できない。**問題が難しいとき、我々はこういう言い方に頼りがちだ。

だが、「マジック・ワード」と聞くと、ビジネスマンはポジティブな意味を連想するらしい。たとえば、「Please」とか「ありがとう」とか。どんな無理なお願いでも、ひと言これらの表現をつけ加えると、場が和んで「いいよ」と簡単にOKしてくれるとか。「マジック・ワードを使えば、願いが叶う！」というわけである。

もし、それが本当なら、この本では「マジック・ワードにだまされるな！」という視点を強調しているが、むしろ、だます立場に立って、マジック・ワードを楽しく使いこなすというのも選択肢の一つかもしれない。たとえば、生意気な後輩に対して、次のように一喝するのはどうだろう？

あなた　「常識で考えればわかるだろう！」
生意気な部下「どこが常識なんですか？」
あなた　「そういうふうに先輩に対して口答えするところだ！　みんな言っているぞ」
生意気な部下「みんなって誰ですか？」
あなた　「おまえの知っている奴、全員だよ」
生意気な部下「それなら、私が直接聞いてみましょうか？」
あなた　「そんなことが、本当におまえのやりたいことなのか？　もっとやるべきことがあるだろう！」

こんなふうに、本文で触れる表現を連続技で使えば、内容は薄くともインパクトだけは出てくる。決まり切った言い方はちょっとした時間の隙間を埋め、相手の言おうとする機先を制することができる。なめらかに連発できるまで、毎日発声練習するといいかもしれない。

あるいは、上司から注意を受けたら、とりあえず、次のように言い返すのはどうだろう？

あなた「お言葉はよくわかります。しかし、これはそもそも悩ましい問題です。評価に関しても、人それぞれだと思います」
怒っている上司「私の言うことが間違っていると言いたいのか？」
あなた「いえ、今回のことは一人ひとりができることをしただけであって……」
怒っている上司「きみがもっと頑張れば、この案件はうまくいったはずだ」
あなた「私なりに、主体性を持って取り組んだつもりですが、そういうご評価をいただくとは……不徳のいたすところです。とにかく、いっそう市場の動きに注目したいと思います」
怒っている上司「つべこべ言い訳をするな！」
あなた「失敗は二度と繰り返されてはならない。それは私も同意いたします。ただ、会社の限られた資源を有効に使うなら、実行にかかる前に、もっと議論すべきだったと思います」

上司をより怒らせることになるのか、論点を何とかスルーできるか、手に汗握る展開だ。のらりくらりと言質《げんち》をとられないように、敬語だけは間違わず、たとえ自分に非があっても、それを絶対に認めない。そのまま時間切れになだれ込む、という作戦だ。もしかしたら、あまりの減らず口に上司も苦笑いして追及も終わるかもしれない。

あるいは、気分を変えて、女性の部下に対して、ちょっとカッコよくアドバイスしたいときこんな会話はいかがだろうか？

美人で有能な部下「私のやり方じゃいけないっておっしゃるんですか？」

あなた「何というのかな、きみの一生懸命なところは、実によくわかるのだけどね。もっと相手の身になるべきじゃないか、と」

美人で有能な部下「私は、顧客の利益を、十分考えているつもりですけど」

あなた「いや、きみのプロ意識は十分評価しているよ。だけど、もう一歩のコミュニケーション力というか、どんな小さな徴候も見逃さないというのか……今のままでは、きみが損するばかりだと思うよ」

美人で有能な部下「（ちょっと涙ぐんで）課長だけです、そんな親身なアドバイスしてくれたのは」

あなた「いやいや、私のことはどうでもいいよ。それより、まず謙虚になって、自分を見つめ直す。それから、できることから一歩一歩はじめる。そういう姿勢が大切なんじゃないか、と思うんだよ」

何をどうアドバイスしているのか、具体的内容はまったくわからない。しかし、フランスの精神分析学者ラカンは「内容がなくても、教える側に立つかぎり、何かしら教えることができる」と言った。なぜなら、学ぼうとする者は、教えられたことを手がかりにして、より多くの内容を考えるからだ。その結果、教えられた以上の結果を出す。もし、それができないなら、その人は「学び」に向いていない。教えられたことしかできないバカなのである。

もし、この理論を応用するのなら、部下にアドバイスするときでも、実質的な内容があるかどうか、気にする必要はまったくない。まじめで優秀な部下であればあるほど、空虚な話を聞きながら「何かまずいことがあるんだ……」と感じて、勝手に問題を探してくれる。もしかしたら、具体的な解決方法だって考案してくれるかもしれない。マジック・ワードとは、なんて素晴らしい言葉なのだろうか!?

マジックにもブラックとホワイトの区別がある。「ブラック・マジック」は病気や死など人に害をなす魔術で、「ホワイト・マジック」はそういう邪悪な術から人を守るための魔術である。右の例も、無用な対立を避けて問題を先送りする役目はある。良好な関係を保つうちに、時間が自然に解決してくれる場合もある。だから、日本だけでなく、外国でもマジック・ワードはそれなりに重宝する。しかし、待つだけでなく、工夫して問題解決をしなければならない場合には、いたずらに時間を消費するだけでなく、問題を悪化させ、混迷を深める。その場合、マジック・ワードはブラック・マジックと化す。

いずれにしても、裏も表も知っているのが大人の魅力だ。**悪の技術にも少々通じて、鮮やかに使いこなしながら、メカニズムも明快に説明できる。**周囲の人はきっと、「深い！」と評価してくれるだろう。相手との関係を保つためにも、その行きすぎから生まれる停滞を突破するためにも、マジック・ワードには精通すべきだ。そうすれば、問題に直面したときにも、逃げずに局面を打開しようとする意欲と知恵が出てくるはずだ。

吉岡友治

その言葉だと何も言っていないのと同じです！

～「自分の考え」を論理的に伝える技術～

Contents

第2章　会社の定番用語だけれど、意味不明な「マジック・ワード」

Contents

第3章 メディアで使われやすいけれど、中身のない「マジック・ワード」

第4章 「自分の考え」を論理的に伝える技術

Contents

カバーデザイン　井上新八／カバーイラスト　加納徳博
本文デザイン・イラスト・DTP　長谷眞砂子　長谷透

第1章

便利だけれど、何も言っていない「マジック・ワード」

【問題解決から遠ざかる系】
【呪いの強調言葉系】
【理屈より力がものをいう系】
【具体性がうやむやの結論系】

「もっと議論をすべき」

問題解決から遠ざかる系❶

A「我が社の業績を上げるには、どうすればいいと思う?」

B「もっとみんなで議論すべきだと思います」

A「いや、もう議論ははじまって、この会議でも盛り上がっています。だから、それを今さら言われても。それより我が社が抱えている問題をどうすればいいのか……」

B「だからこそ、私も強く主張しているんですよ!」

A「なんて?」

B「もっと議論が必要だと!」

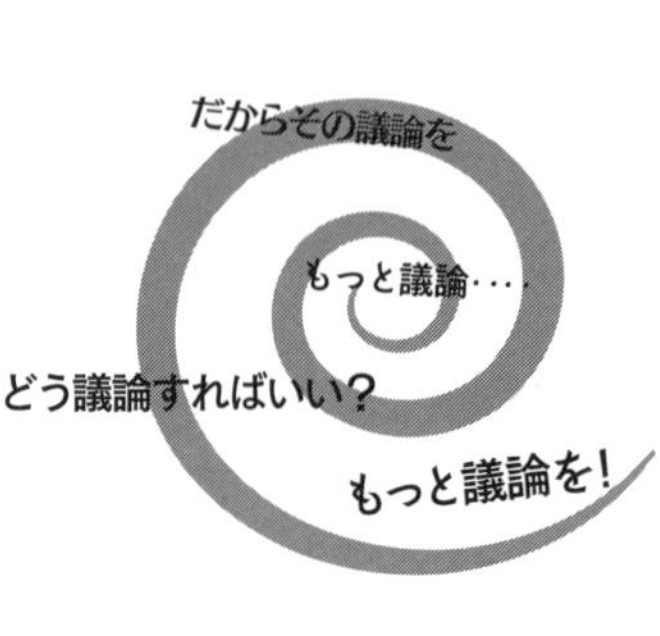

●意見・主張とは、問題に対する解決策を出すこと

「もっとみんなで議論すべき」は、何となくイラっとする言葉だ。会議などで「去年の売上は……」「利益は……」「経済情勢も……」「社員からは……」など、いろいろな論点が上がったとどめのひと言。たしかに議論はしているのだから、「議論しよう」自体は間違いではない。だが、何だか話が進んだ気がしなくて、イラつく。なぜか？

話し合いで意見を言うとは、問題に対する解決策を出すことだからである。みなで一つの問題を考えている。そこに入って、自分なりの解決策を出す。これが意見というものだ。とすれば「業績を上げるにはどうするか？」ならば、解決策とは「○○すれば、業績が上がる」という予測・提案の形になる。売上や利益がいくら、社員の気持ちはどう、という情報は、その裏づけにしかならない。**情報は提案に結びつけられなければ、意見にはならない**のだ。

「もっと議論をすべき」というのは「頑張れ、もっとやれ」というようなもので、はやし立てたり、野次馬になったりするに等しい。もう、議論はすでにはじまっているのだから、大切なのは、そこにどう自分が関わるかだろう。その作業をしないで「もっと議論をしようよ」と言っても脱力するばかりだ。

結びつける
データ ⬇ 提案 ＝ 問題への解決

もし、「もっと議論をすべき」が意味をなすとしたら、議論が中途で終わりそうなとき、あるいは全然行なわれないままに終わってしまいそうなときだけだ。

「いやあ、これで決めちゃヤバイですよ。あとあとマズイですよ。ちゃんと議論しないと。もっと議論しましょうよ」

はたして、さきほどの「もっと議論をすべき」は、こういう状況でなされているか？ 言われたときに、きちんとチェックしなければならない。

●どうしたらいいか？⬇議論の舞台に立つ

たしかに、新聞やTVのニュースならば、この言い方は多少意味がある。なぜなら、その場合には、世間には問題を知らなかったり関心がなかったりする人もいるかもしれないからだ。そういう人に向かって「これって大事な問題ですよ。もっと話し合ったほうがいいですよ」と提案する。これはこれで大事な役割だ。

しかし、個人がその口まねをしてもその役割は果たせない。なぜなら、個人が意見を求められるときは、もはや問題があることがある程度知れ渡っているときだからだ。そんなとき求められているのは**「私なら、こう解決したい」というその人個人の考え**だ。自分なりに解決するためのアイディアを出せばいい。問題は見物したり、はやしたてたりするものではない。サポーターや応援団として盛り上げるのではなく、ピッチの上に立ってプレイしなければ、ものごとは何も進まないのだ。

【まとめ】

１　「もっと議論をしよう」は意見ではない
２　個人は、新聞やマスコミの口まねをしてもしようがない
３　当事者として「こうしたらいい」と問題に対する解決策を伝える

「…はいかがなものか？」

問題解決から遠ざかる系❷

部下「この計画については、たくさんの人が今まで関わってきたんです」
上司「知っているよ。でも、それに見合った利益が上がってこなかったよね」
部下「でも、少しずつだけど成果も上がってきていました。みなの士気も上がっています。それを全部廃棄しろというのですか？」
上司「まあ、きみの苦労は十分理解しているけどね」
部下「収益がまだ上がらないからといって、何でもかんでもやめてしまえというのも、いかがなものかと思いますが……」

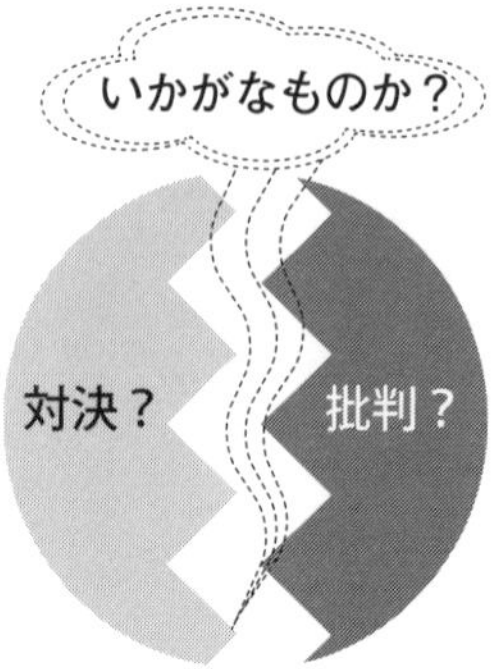

●はっきり言えないなかでの抵抗

「〜はいかがなものか?」は、暗黙に否定・批判を意味している。率直に言えば「おまえの言っていること／やっていることはおかしい！　考え直せ！」というメッセージだ。だが、それが言えないから「いかがなものか？」とおうかがいを立てる形になっている。

英語なら「Are you sure it's a good idea to abandon everything we achieved up to now?（今までの積み重ねをすべて放棄するのが、よい考えだと本当にお思いになっているのでしょうか?）」。ずいぶん未練たらしい。でも、こんな言い方をわざわざしているのは、立場が対等ではないからだ。「おかしい」とか「間違っている」と正面から言えずに、もって回った表現になっているのだ。

相手にわかってもらうためなら、**意見はなるべく問題に対し、はっきりした態度を取る**ほうがよい。文の形で言えば「……である」「……です」という断定の形だ。そうしたら、相手は、当然「なぜ、そう思うのか?」と聞いてくるはずだ。それに対して「なぜなら、○○だから」と理由を言う。すると、相手は「それはどういうこと?」と追及してくる。「つまり、○○なのです」と説明する。さらに「何か証拠はあるの?」と念を押される。「たとえば、○○

ですね」と例やデータを出す。これで、ようやく自分の意見とその根拠をわかってもらえる。

ただ、このような形で言えるには、まず相手と自分が対等の立場になっている必要がある。たとえ相手が上司やエライ人であっても「何が正しい／いいのか?」を明らかにする過程では、妙な遠慮があってはいけない。そうでないと「正しい答え」にたどりつかないからだ。残念なことに、現実には、そういう関係はなかなか成立しない。下手なことを言うとエライ人の機嫌を損ねる。だから一歩下がって、やや遠慮がちに「意見＝異見」を差し挟む。

結局、率直な意見を言おうにも言えないという状況が、こういう奥歯に物の挟まったような表現を反映している。「いかがなものか?」はかなり逃げ腰の表現だ。機嫌を損ねないように、相手に結論をゆだねる。「どういうことだ?」と正面切って反問されたら「あ、ちょっと疑問に思っただけです」と逃げ出せるようにするわけだ。

●どうすればいいか?⬇前提を明確にする

こういう言い方がなされたときは、けっこう危機も迫っているとも言える。立場の上下で率直なもの言いができない。でも、何とか言いたい。立場の上下をわきまえるのが大事か、危機を何とかするのが先か?　そうやって反問するうちに「いかがなものか?」という妙な言い方が成立する。この言い方を聞いたら、リーダーは「失礼だ」と怒り出すより、問題の大きさを考え直したほうがよいかもしれない。

他方で、この言い方が通用すると、簡単にイチャモンがつけられる状況にもなる。「Aはどうでしょうか？」「それは我が社としてはいかがなものかと思います」。どこがどういけないのかわからないまま、疑念だけがふくらむ。「いかがなものか？」には、**曖昧にせず、根拠は何かと議論を迫らねばならない**場合も出てくる。いずれにしろ、本当に問題を解決したいのなら逃げ腰ではうまくいかないのである。

【まとめ】

1　「いかがなものか？」は逃げ腰の否定・批判である
2　「ダメだ・間違っている」と言えない状況に気づこう
3　イチャモンをつけられたら、根拠を出すように迫るしかない

「悩ましい問題である」

問題解決から遠ざかる系③

部下「グローバル化に我が社はどう対応すべきでしょうか？」
上司「海外進出も視野に入れなければならないし、国内のシェアも守らなくちゃいけないし……」
部下「これから、うちも大変な時期を迎えるわけですね」
上司「だからこそ、何とかしないといけないのだが」
部下「悩ましい問題ですね」
上司「大変で悩ましい問題ということは知っているよ……」

悩ましい人の脚？
（現代アート風）

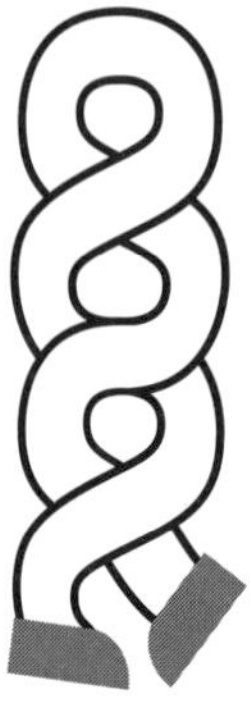

●プロとはマンネリを恥じないこと？

意見は「通り一遍＝ステレオタイプ」になりがちだ。「犯罪者は悪人」「被害者はかわいそう」「不景気は政府が悪い」、などでコメントしたつもりになる。作家の筒井康隆は、あるラジオ番組に出たときに驚倒《きょうとう》したそうだ。決まった時間の枠いっぱいに話す。毎回放送があると、話すネタも尽きる。だから、似たような内容を繰り返し述べる。いちいち考えず、通り一遍の表現でやりすごす。

こういうことを繰り返すと、特殊な自意識が生まれる。つまり、マンネリズムに恥じ入らず、むしろ毎日同じレベルで仕事ができている自分にプロ意識を持つのだ。これは業界の特殊事情だろうが、毎回作品ごとに新しい趣向を凝らす作家から見ると異様に映るのだろう。

●情報社会のステレオタイプ

この事情は、他のメディアでも同じだ。たとえば、新聞もスペースを決めて、記事を書かなくてはならない。逆に、奇妙な事件が起こっても、新しく解釈すると締め切りに間に合わないからと、とりあえず「お涙ちょうだい」などのパターンに落とし込む。なるべく多数の読者に理解してもらうため、レベルを低くする。大新聞では「中学二年生にもわかるように書け」と教えられるのだとか。メディアの害悪というと、暴力とかセックスばかり言われるが、もっと**問題なのは世の中を決まり文句で片づける傾向**だろう。

これは、SNSなどの個人のメディアでも同様だ。時間がないなかで、とりあえず毎日書いて読者を増やそうとする。一人で書くので、ネタが枯渇するのは新聞・TVより早い。だから、日常の食事などを繰り返し書く。考えている時間も少ない。決まり文句でそそくさと終わらせる。マスコミ風の言葉遣いは個人の中にも入り込んでいるのである。

枠を埋める
⬇
コメントが枯渇
⬇
決まり文句
⬇
いつも同じ表現

●どうしたらいいか？⬇よく使われる常套句を意識する

「悩ましい問題」もそんな常套句の一つ。そもそも、問題とは何らかの解決策を要求している懸案事項だから、「悩ましい」のは当然だし、「悩ましくない問題」など「問題」に値しない。それなのに、いちいち「問題の悩ましさ」という自明のことを表現してスペース・時間を埋める。

視聴者・読者もパッとわかりたい。いろいろ悩まず「正しい答え」を素早く見つけて満足したい。だから、とりあえず「わかりやすい」言葉に飛びつく。それどころか、マスコミに対する**不満の表現さえパターン化する。**たとえば、マスコミを「マスゴミ」と罵《ののし》る人がいるが、「マスゴミ」自体がそもそも手垢《てあか》のついた表現だと知って使っているのだろうか？

もっとも、そんな矛盾を指摘しても行動はすぐには改まらない。正解がない状態にじっと耐えて考える習慣がないと、出来合いの表現で済ましてしまう。まず、よくあるステレオタイプの表現をリスト・アップして、そういう常套句に頼らないことが大切である。

【まとめ】

1　個人は、マスコミに影響されて、世の中を決まり文句で片づけたがる

2　問題は常に「悩まし」く、解決策を要求する

3　自らもステレオタイプの表現をしていないかチェックしよう

「みんながそう言っているよ」

呪いの強調言葉系❶

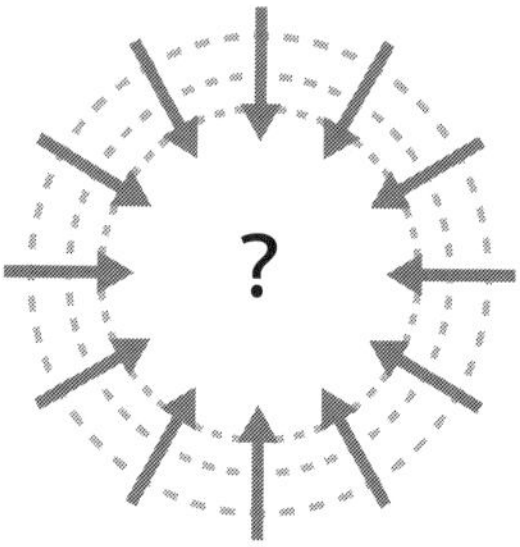

上司「きみは、いつも人の話を聞いていないね。それは相手に失礼だと思うよ」
部下「そんなことありません。一生懸命聞いています」
上司「でも、聞いていないって、みんな言っているよ」
部下「みんなって誰ですか？」
上司「みんなが言うのに気づかない？　ホラ見ろ、やっぱり人の話を聞いていない」
部下「……（だから、みんなって誰だよ～！）」

●社会・反社会のオセロゲーム

よくある相手を貶《おとし》める言い方である。「みんな」の中には、その言葉を使う人の味方になりそうな人々が入る。言われたほうは恥をさらすことになるから「私は人の話を聞いていないですか？」とは聞いて回れないので、反論のしようがない。

もちろん、ここにはごまかしがある。「人の話を聞いていない」は「自分の話を聞いていない」だし、「みんな言っている」は「私が言っている」しか意味しない。自分の主観をいかにも客観のように装う手口なのだ。「世間」とか「社会」とか、自分を取り巻く社会集団から制裁されるイメージを使って従わせる。見え透いた手口とはいえ、言われたほうの気分は確実に悪くなる。最初に使った者が社会の側に立って、相手を「反社会の立場」に追いやる。先手を取って有利な立場に立つオセロ・ゲームみたいなものなのだ。

●ショックを受ける人々は誰か？

こういう言いぐさが有効なのは、言われるほうも「みんな」のパワーを信じているからだ。真面目な人柄で他人との心情的な絆も強い。そういう人が「みんな」から見捨てられるとショックを受ける。そういえば、未開社会では「呪い＝ブラック・マジック」がよく効くという。他人との距離が近くて互いに密接なので、呪いをかけられた人は「自分が呪いをかけられた」という噂を聞いただけで、気が滅入って衰弱死してしまうとか。逆に、他人の言うことを平然と無視してもかまわない現代社会では、そんなマジックは効かない。

「みんな」を信じている人 ＝ 「みんな」から嫌われることにショックを受ける人

現代で、他人に「なるほど」と思わせるには、人間関係より客観的証拠が大切だ。とくに「あいつがこんなことを言っているよ」という証言の場合には、「あいつ」が特定されて、証言内容に当事者でなければ知り得ない内容が含まれていなければならない。この基準に照らせば、「みんなそう言っている」の内容は心もとない。まず、誰が言っているかわからない。証言内容も「失礼だ」というだけ。誰でも言えるから、当事者でなければ知り得ない内容ではない。本来ならば、おびえる必要はないのだ。

●どうすればいいか？⬇根拠を聞くのは不信ではない

といっても「誰が、実際にはどういうことを言ったのか？」と聞きただすことははばかられる。なぜなら、根拠を聞くのは、言った相手への不信感の表明と解釈されるからだ。相手は「オレが言っているのに、信用していないのか？」と逆上する。そこで「この人との関係は大切にしなければ」と考えたほうが黙る。つまり、これは相手の抱く愛情や友情を逆手にとって屈服を迫る方法なのだ。

ただ、このやり方は関係をしだいに腐食していく。「みんなって誰？」という思いは蓄積して、いつか噴出せざるを得ないからだ。つまり「みんな言っているよ」で黙るかどうかは、実は言われたほうの態度で決まる。言われたほうが「こんな関係は壊していい」と腹をくくれば、いつでも反撃できる。とすれば、このマジック・ワードを使う人間は、一時的には利益を得るようで、長期的にはリスクをため込んでいるのである。

【まとめ】

1　言葉の説得力は根拠の有無で決まる
2　根拠をただすことは、相手への不信感を表明することになる
3　人間関係をどう評価するかで、「みんなそう言っている」への対処は決まる

「本当に今必要なものでしょうか？」

呪いの強調言葉系❷

部下「新しいプロジェクトの予算編成についておうかがいしたいのですが」
上司「詳細は報告書に書いてあるよ」
部下「それは読みましたが、どうしても腑に落ちないんです」
上司「じゃあ、どこが疑問なんだい？」
部下「この予算は、本当に今必要なのでしょうか？」
上司「この段階で必要かどうかの議論なの？」

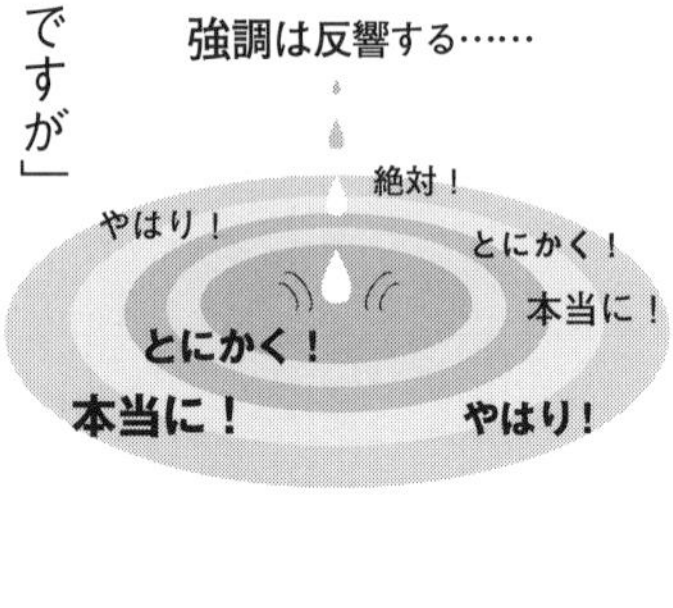

●強調表現は主張の強さを保証しない

「本当に」「やはり」「とにかく」などは強調する言葉だが、言うと気持ちが入るわりには意味はあまり明確ではない。たとえば、「やはり喫煙はいけない」の「やはり」は、今まで喫煙の害として出された説を指すはずだが、「これこれ、このような根拠・データに基づいて」という具体的な意味は出ていない。

もちろん、日常の判断では、確実な根拠に基づかなければ、すべてダメというわけではない。喫煙が本当に肺ガンを増やすのか、正確なデータを知らなくても「専門家の間で言われているようだからやめておこう」ということで、健康にすごすための知恵としては十分であろう。

●反論の作法を確認する

だが、「本当に」「とにかく」「やはり」に頼りすぎてはいけない。微妙で悩ましい問題では、不十分な証拠で判断が左右されるおそれが増すからだ。少なくとも、意見が対立していて、その一方に反論するときには、もっときちんとした手順を踏む必要がある。まず、提案に至る論理展開をチェックする必要がある。「なぜなら……である」「つまり、それは……なのである」などという理由・説明に疑いがあることを示すのだ。

たとえば、会話の例なら、必要な予算として計上されている項目のいくつかが不要であることを示せば、総予算額についての主張は崩れる。あるいは、そこでのデータの不確実性や誇大性などを指摘する。「この項目はこれだけの金額と述べているが、このデータによれば、それほど必要ないはずだ」と述べる。つまり反論では、相手の出してきた論理かデータのどちらかを潰すのが常道なのだ。

●「本当に」は呪いの言葉

だが「本当に必要なんでしょうか」は、そういう作法を踏まず、漠とした不安を投げかける。これは現代における呪いの言葉である。「本当のこと」が客観的に確かめられる場合は多くない。だから「本当なのか?」と反問されると誰でもひるむ。それを利用して相手を黙らせ屈服させる語法なのだ。

本当に・やはり
⬇
客観的に未確認
⬇
誰でもひるむ
⬇
屈服
＝
呪いの言葉

●どうしたらいいか？➡呪いを相対化する

本来なら、これには「なら、あなたは必要ないという証拠をお持ちなんですね？」と問い返せば済むはずだが、相手の体面を考えるとなかなか言いにくい。だから、TV・新聞などでは「言い逃げ」の方法がよく使われる。「でも、○○は本当に必要なんでしょうか？」と言って、そのまま「次のニュース」に移る。相手に応酬させないまま、疑念だけかき立てようとするのだ。こういうごまかしに負けないためには、すぐさま反撃する態勢が必要だ。「本当に」「とにかく」「やはり」が出てきたときには、**とっさに相対化を試みる。**「本当に『本当に必要ない』と言えますか？」。「本当に」という疑念は、発言者にも向けられるべきだ。

【まとめ】

1　「本当に必要か？」には誰も確答できない
2　生活者の習慣につけ込んで、一瞬のひるみを利用する語法である
3　パターンを記憶しておいて、すぐさま相対化して言い返す

呪いの強調言葉系❸

「断固たる決意で臨む」

社長「業績を回復するためには断固たる決意で臨むしかない」
社員「具体的には何をすべきでしょうか？」
社長「まずは気持ちを入れ替える」
社員「では、気持ちを入れ替えてからは？」
社長「とにかく、売上を上げることに専念する」
社員「（そのためにどうすればいいかを知りたいのだけれど……）」

●言葉はどんどんエスカレートする？

人にインパクト（衝撃）を与えるためには、強く表現すればいいと思っている人がいる。だから、強調したい言葉・表現は強く発音され、最上級の形容で表現される。あながち間違った判断とは言えないが、言葉はゴルフの球ではない。強く打てば遠くまで跳ぶとは限らない。

実際、演劇では「力芝居」という言い方がある。役者が「ここは大切なセリフだから」と思って、頑張って強く発音する。しかし、客はシラーッとするばかり。力の入れ方が足りないのかなと思って、さらに力を入れてしゃべりまくる。だが、思ったような効果がない。しようがないから叫ぶ。客はドン引きする。初心者がよくやる間違いだ。

強い言葉はまれにしか使われないから「印象が強い」のであって、いたるところで強く言われればただの陳腐《ちんぷ》な表現になる。**強く表現さえすれば、強い印象を与えられるほど言葉は簡単ではない**のだ。

インパクトのある表現

↓

インフレ化

↓

陳腐な表現

●言葉と行動のインフレーション

これは、経済学でいうインフレーションを考えれば、すぐ了解できる。たとえば、すべてのものの値段が高くなれば、牛丼に何万円という値段がついても高価とは言えない。何十万円でなければ高いとは思えなくなり、そのうち何百万円でも「安い」と思うようになる。

言葉のインフレ状況でも、いくら強調しても、思ったほど強くは伝わらない。つまり、威勢がよい表現が多くなればなるほど、実質的な意味を表わさないのだ。「断固たる決意で臨む」も、どういう対応をすべきか、何も示していない。会話例でも、会社の業績を回復するための具体的な帰結を考えないから、いくらでも強いことが言えるわけだ。むしろ、**自分では具体的には関わらないからこそ、勇ましい言葉を連発する**ケースも少なくない。

●どうすればいいか?⬇威勢がよい表現の中身の薄さ

ちょっと考えれば、結末がどうなるかはわかりそうなものなのに、その手間を惜しむ。だから、いたずらに言葉だけ強めて、とんでもない結論にたどり着く。たとえば、隣国に対して「断固たる決意(だけ)で臨む」とどうなるか? 戦争にでもなるしかない。だが、その結果は、強い言葉で得た快感の何十倍もの損害を生むだろう。

強い表現を愛好する人々は、結果がどうなるか、想像する力が弱い。こういう人の言葉は、まともに相手にしてはならない。自分の意見が相手に影響を与えることができたと思って、いっそう表現を強め、うるさくつきまとう。むしろ、聞かないふりをするぐらいでちょうどよいかもしれない。

【まとめ】

1　強い表現をすれば、強く伝わるわけではない
2　具体的な処置に関わらない人が、強い表現を連発する
3　「断固たる処置」を愛好する人は、その結果を想像する力が弱い

「常識で考えればわかるだろう」

理屈より力がものをいう系❶

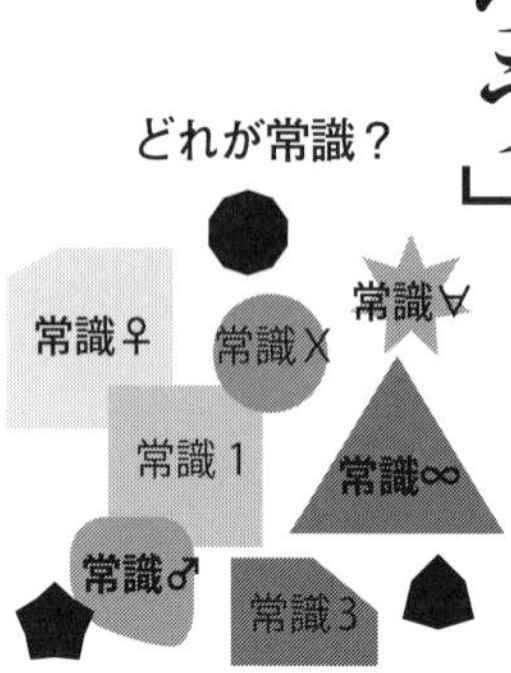

上司「我が社の社員全員がTOEIC800点を取ることを目指したい。もし半年以内に達成されない場合は減給だな」
部下「待ってください。うちの会社は売上の90％以上は国内ですし、意味がないと思います」
上司「少子化だから日本の消費者は減る。しかも、グローバル化が進み、英語は重要になる。常識で考えればわかるだろう」
部下「そうでしょうか……」
上司「そんなの常識だろう」

●「常識」はいつも政治的である

本来、よりよい結論にたどりつくには、協力して意見を出し合わねばならない。だから、そういう話し合いの場合は、身分や地位の上下を気にせず、なるべく多様な意見を出し、それらのメリット・デメリットを客観的に吟味する。本来「常識」とは、そのような過程をいくども経て練り上げられた「世間的に見て妥当な意見」のはずだ。

だが、理想的な話し合いは多くない。むしろ、それぞれの思惑や利害を前面に出して争う形が圧倒的に多い。当然、自分に有利な条件は何でも利用しようとする。たとえば、会話例では、部下が「売上の90％以上は国内」という具体的な数値を持ち出しているのに、それを無視して**「常識」という曖昧な基準で、自分の意見を正当化しようとする。**さらに「グローバル化」という流行語を持ち出し「英語に力を入れよ」とダメ押しする。

こういう論法は、自分の意見を強い立場に無理矢理なぞらえて退けているだけで、客観的なデータや証拠に裏づけされていない。こういう状況を「政治的」と言う。自分の主張を押し通すために、どんな手段でも採用する。これが政治の本質なのである。会社の会議で「常識」という表現をやたらと使う人物も、はなから話し合いを信用していないのである。

政治的な状況 ➡ 思惑や利害が異なる ➡ どんな手段でも利用する

●権威主義的パーソナリティ？

こういう論法に訴える人は、基本的に「権威主義」だ。「権威主義」とは、他人にエラソーに振る舞うことではない。むしろ、**社会や人間関係を「支配と服従」という見方でとらえていく人**のことである。強い者に柔順な一方で、弱い者には強圧的になる。だから、他人を外面で評価し、自分が勝つための手段として扱う。

ただ、目先の勝ち負けだけで評価が定まらないのも世の中の常だ。いくら相手を黙らせるパワーを得ても、結果がまずかったら何にもならない。賢い人は体験的にそれを知っているので、無理を通そうとしないで、何が正しい判断なのか、冷静に見極めようとする。それぞれの説を出して、その裏づけとなる根拠を互いに見せ合って、どれが「より信ずべきか」を競わせながら方針を決める。そのほうが、結局得になることを知っているのだ。この例でも、外国に出て行くべきか、日本でシェアを伸ばすべきか、会社の将来に関する予想や、国内が売上のデータを出し合って決めないと、失敗する可能性が強い。

●どうしたらいいか？⬇相手を屈服させるだけでは結果はついてこない

しかし、自分の言いたいことを、根拠をもとに整理していくには、それなりに議論のテクニックも必要になる。「常識」に頼れない分、個人に説明・描写のスキルがないと、他人を納得させられない。「政治」や「権威」に頼る人間は、そういう力が欠けているので、力に頼ってしゃにむに突破しようとする。だが、こけおどしのイメージを振り回して、**目の前の相手を屈服させることは、実際に現実を変えることとは違う。**結果がどうなるか、地道に予測しておかなければ、成果も得られないのである。

【まとめ】

1　政治的な状況で、相手を支配・屈服させようとする人は少なくない
2　正しい結論に到達するには、根拠を互いに見せ合うという協力が必要になる
3　曖昧なコンセンサスを強調するのではなく、互いの根拠を吟味する

「主体性を持って取り組め」

理屈より力がものをいう系❷

上司「プロジェクトが思うように進んでいない。それぞれがもっと主体性を持って取り組んでもらいたい」
部下「みな頑張っていると思いますよ」
上司「でも、効果が出ていないのだから、方向が間違っているんだよ」
部下「では、どうすればいいとお考えなのですか？」
上司「それを自分たちで考えるのが主体性だろ？」

主体性と命令のメビウス

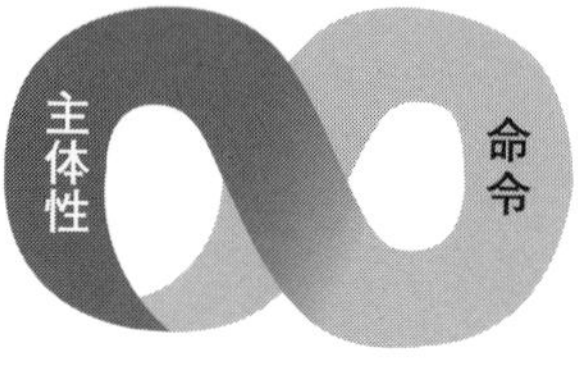

●本来の意味をチェックする

「ポジション・トーク」と言われる表現がある。自分に都合のよいように現実をねじ曲げる言い方だ。自分が利害にからんでいることを極力隠蔽《いんぺい》し、こっそり自分の利益につなげる。

「主体性を持って取り組め」も、その一つだ。そもそも**「主体性」とは、他人から独立した自分の判断で行動すること**である。個人の判断はそれぞれ違うので、はたから「変えろ」と言っても、簡単には変わらない。他人が「ダメだ」と言っても、「いい」と思ったらやる。はたから、ああだ・こうだと文句を言えない。それが主体性の本当の意味である。

ところが、会話の例では、プロジェクトの大綱はもう決定されている。上司が責任者で、部下にその仕事をやらせている。部下は、それなりに頑張っているつもりだというが、現場の士気も下がり、なかなか進まない。そういう状況の下で「主体性を持って取り組め」という言葉が出てきているのだ。

本来の意味から考えると、このプロジェクトの現場には「主体性」は存在しようがない。仕事のやり方に口出しはできない。命令通りやると、案の定うまくいかない。工夫しても効率は上がらない。プロジェクトの見直しを求めるが拒否される。これでは「自分の判断」ができる余地はほとんどない。

原義：主体性＝それぞれが独立に判断する

⟷ 矛盾→ポジション・トーク

現実：別の人が目標を作る → やる気が起きない → 主体性を持てと叱咤激励

言葉が実際にどういう意味を持っているかは、現実との対応を確かめねばならない。この場面で「主体性」を持っているのは、命令している上司だろう。プロジェクトの内容を決め、完成を促す。彼が「これはうまくいかないな」と主体的な判断をすれば見直しもできる。でも、それをしないのはなぜか？　自分が責任を取りたくないからである。

つまり、自分が主体性を発揮して、プロジェクトを進行すべき状況なのに、責任逃れをして「あたかも現場に主体性があるかのようにやれ！」というのである。つまり、「主体性を持って取り組め」という言葉は、**目標は発言者が一方的に決めて、命令されたほうがその実現に取り組むという奴隷的状況を隠蔽する**言葉なのである。

●どうしたらいいか？⬇言葉の本義に戻る

そもそも「主体性を持て！」と言われて、「そうだ！　主体性を持とう」と思う人に主体性なんてあるわけがない。むしろ、主体的な人は命令されても「けっ、何を言ってるんだ」と啖呵《たんか》を切るかもしれない。でなければ、言われる前に自ら黙々と取り組んでいる。

「主体性を持て」と叱咤激励する人には、そういう主体へのリスペクトがなく、ただ自分の命令通りに事を進行させたいか、自分の責任を問われたくないから説教しているだけなのである。そんな言葉に義理立てするのはバカバカしい。同意するふりをしつつ、言葉の本義にしたがって、自分の判断で時には上手にサボるべきなのだ。

【まとめ】

1　本来の意味を確認して、言葉をチェックすべきである
2　「主体性を持つ」は奴隷的状況を隠蔽する表現である
3　「主体性」は、時には静かなサボタージュを意味する

理屈より力がものをいう系❸

「もっと向き合え」

部下「なかなか契約が取れないんですけど……」
上司「弱音を吐くな。相手にもっと向き合うんだよ」
部下「どうすればいいんですか？」
上司「相手の意向を汲むんだ。誠意を見せろ」
部下「でも、条件が全然合わないのですが……」
上司「圧倒して、こちらのペースに引き込めば、ごまかせる」
部下「……（それって誠意と反対では？）」

向き合いすぎると壺に見える？

●不安をかき立てる表現の有効性

不安をかき立てると、気の弱い相手に打撃を与えてコントロールできる。とくに、正体がわからないものほど破壊力は抜群だ。「仕事に向き合え」「相手を受け入れろ」「人とふれ合え」などの表現は、具体的に何をすべきかを示さない。それだけに、**自分の良心やコミットメントがどれくらい深いかを自問させられるという仕組み**になっている。

自分と相手は違う。だから、いくらかわいそうでも、相手の哀願や要求にすべて従う必要はない。だが、できることなら相手のためになりたいし、機会があればわざわざ関わろうと試みる。そういう善き意志を持つ人にこそ、これらの言葉は動揺を与える。とくに、「もっと」という表現とともに使われると効果は大きい。

●ボランティアのジレンマ

情報組織論を専門とする慶應義塾大学教授の金子郁容は、ボランティアは善意のジレンマに陥るという。たとえば、アフリカの飢饉《ききん》に対する募金に1000円寄付したとしよう。そこから50メートル行ったところで、今度はアジアの貧しい子どもたちに学校を作るという募金があった。これにも1000円協力した。すると、今度は日本の交通遺児のための寄付を呼びかけられる。お金があれば協力するのもやぶさかではないが、財布にはもう千円札一枚しか残っていない。これも寄付すべきか？　寄付しなかった場合と何が違うのか？

本来は自発的な（volunteer）判断だから、どこでやめてもどこまで続けてもいいはずである。だが、**根拠が自分の決断だけだと、他人からの問いかけには弱くなる**。たとえば、「なぜ、そこでやめるのか？」と問われ、「そう思ったからさ」と答えても「なぜ、そう思ったのか？」と再び問われて、はたと困る。

心に不安を抱える
↓
過剰反応
↓
不安をかき立てる
↓
心を支配する

これは宗教の勧誘に似ている。迷っている人は「あなた、悩んでいるでしょ？」という言葉に反応する。「えーっ、どうしてわかったんですか？」。わかるわけがない。当てずっぽうに言って反応した人だけを相手にするからだ。

同様に、自分が善き行為をしているかどうか気にしている人は、「良心」に疑問を差し挟む言葉に大きく動揺する。善意であればあるほど、自己欺瞞《ぎまん》を意識させられる。もちろん、問いかけたほうは解決策は出さない。それは、自分で考えるべきことでしょう、と突き放す。

こういう言い方に、善意や向上心のある人はまたグッとくる。それなら、「やれるだけやってみようか」と無謀な決断をする。

●どうしたらいいか？⬇プライドの満足のために、挑発に乗ってはいけない

だが、自分を簡単に犠牲にできるという態度は危険だ。なぜなら、**自分を簡単に犠牲にできる人は、他者にも簡単に犠牲を要求できる**からだ。これでは、ほとんどブラック企業の論理になってしまう。こういう要求に対しては、自分の身の安全を考えて、どこまで入り込んだらいいか、自分でバランスを決断するしかない。自分のプライドを満足させようと、挑発に乗ってはいけないのである。

【まとめ】

1　不安をかき立てる表現は、良心・コミットメントの深さを自問させる
2　自分を簡単に犠牲にできる態度は、他人の犠牲も要求する
3　プライドの満足のために、挑発に乗ってはいけない

「顧客の立場に立て」

理屈より力がものをいう系❹

上司「もっと顧客の立場に立たないと。そうすれば、もっと工夫できるだろ？」
部下「顧客の立場に立って、工夫したつもりですが……」
上司「言い訳はいいから！　いいか？　オレたちの課は去年の評価Dなんだぞ。無理にでも成績を上げるしかないんだ」
部下「それは顧客の事情というより、課長の事情なのでは……」

●顧客の成立する状況とは？

顧客（カスタマー）とは、いつも買ってくれるお得意様。だから、売り主はその関係を続けようと、ご機嫌を取って多少無理な要求でも聞こうとする。客のほうもわがままや無理難題を通したくなる。こういう「馴染《なじ》み」や「特別扱い」は気持ちがよいものだ。

たとえば、詩人の室生犀星《むろうさいせい》が、銀座の不二家でアイスクリームを頼むと、食べ終わった頃を見計らって、ウエイトレスがお茶を運んで来た。友人が「サービスがいい」とほめると、犀星は「でもねえ、きみ。こうなるまでにはずいぶんお金を使ったのだよ」と言ったとか（伊丹十三『金のかかる話』）。

このエピソードは、**顧客というあり方は二者だけの関わりではない**ことも示す。特別なサービスをする売り手と「上得意」だけでなく、その自慢を聞いて感心してくれる第三者がいる。そうなって、はじめて特別さが際立つ。だから、うれしい。もっとも、銀座の不二家に入り浸って、（当時は）高価だったアイスクリームを毎回頼んだところで、芸者遊びと違って高額のお金は必要ない。「ずいぶん使った」金額を考えれば、この話は、むしろ室生犀星の貧乏くささを皮肉っているような感じもするのだが……、それはさておき。

●「顧客の立場に立て」の精神状況

「顧客の立場に立て」の裏にも、複雑な三者の絡みがある。命令する人間が「顧客」という第三者を引き合いに出して、自分がその代理人として振る舞うのだ。その権威によって、命令される人間からの予想される抗弁を抑えつける。もちろん、本当に代理関係になっているかどうかは不明だ。蓋《ふた》を開けてみたら「顧客」の意志とは関係なく、その人の個人的な要求にすぎなかったという例も少なくない。

とくに「顧客の立場に立て」では、言われる側が「お客様は絶対だ」という**価値観を共有している場合が多いので、言う側の要求は通しやすい**。「これでは顧客は満足しない。骨身を惜しむな。全身全霊でやれ！」。顧客になりかわって、自分の恣意的なビジョンやイメージを盛り込むことができる。いわば、上司は「お客様」という無限の要求をしてくる幻想の存在に従順に従うように人々を導く司祭となるのだ。

いったんこういう関係が成り立ってしまえば、後はどんなに好き勝手な命令をしても「顧客（＝神）からの言葉」ということで押し通せる。「顧客」と言いさえすれば、配下の無限の献身を引き出せるわけだから。

価値観の共有 ➡ 価値を代理する地位 ➡ 他者を支配する力

●どうすればいいいか？➡暗黙の第三者に気をつける

こんなふうに、**二者の関係の中に隠された第三者が入り込むと、それが関係の意味を変える場合は少なくない。**はなはだしい場合は、その第三者を操ることで、一方がもう片ほうを支配することもできる。したがって、会話の中に暗黙の第三者が入り込んでいないか、それが会話を支配していないかどうか、十分注意が必要だ。そうでないと、気がつかないうちに、相手の言いなりになるという悲劇にも陥りかねないのである。

【まとめ】

1　顧客は、売り主との二者の関係だけではない
2　顧客の代理関係になっているかどうかを確認する
3　幻想の存在を使えば、人々を無限に従わせることができる

「一人ひとりができることをする」

具体性がうやむやの結論系❶

A「環境問題を解決するには、一人ひとりができることをしなければならない」

B「その通りですね。で、具体的には、何をすればいいのでしょう？」

A「一人ひとりの善意で世界が変わるんです」

B「そこまではわかりましたが、どうすれば……」

A「私の話は以上です」

B「えっ、これで終わり？」

一人ひとりは積み重なる？

●提案は具体的にしよう

提案するときは「こういうことをしたらいい」とか、「ああいうことをしたらいい」とか、なるべく具体的にするのが基本だ。細々《こまごま》とした手順はわからなくても、せめて「どういう方向で努力しなければならないか？」ぐらいは、明らかにしなければならない。

だが「一人ひとりができること」だと、「地球の環境問題を解決する」というはるかな目標が与えられるばかり。何をすれば、どう「環境問題の解決」に結びつくのか、その手がかりが何もない。何をしてよいかわからない、五里霧中《ごりむちゅう》のままで何とかしようと力んでいるわけだ。

提案 ＝ **具体的な行動に結びつく内容であるべき**

●動機は結果を正当化するか？

結局、こういう言い方をする人は、**動機のよさをアピールしているだけ**だ。「我々がやっていることは善だ」「みんなのためになることを僕らはやっている」。しかし、動機がいくらよくても、それだけでは手段を正当化しない。効果・結果がよくなくてはならないのだ。

たとえば「地球の環境問題を解決する」ために、みなで夜の12時に祈るとしよう。たとえ、どんなに純粋に地球を思う気持ちから出ていても、宗教団体ならいざ知らず、祈るだけで事態が変わるとは誰も思わない。いくら善意でも、こういう行動に飛びつく人は何か考え違いをしている。

●どうすればいいか？⬇動機より結果で評価しよう

それどころか、**社会では、よい意図が悪い結果をもたらすことなど日常茶飯事だ**。たとえば、倹約することはよい行為だが、それが社会全体に広がると、物が売れなくなる。結局、経済不況になって、みんなはもっと貧乏になる。個人レベルでよかったことが、みなのレベルに広がると、必ずしもよい結果を引き起こすとは限らない。そう考えれば「一人ひとりができること」をしても、必ずしもよい結果にはならないのは自明の理だろう。

最近では、東日本大震災の被災地に送られた「千羽鶴」や「寄せ書き」は、善意が悪い結果をもたらした好例だ。たとえ一人ひとりが心を込めて折ったり書いたりしたとしても、大量の千羽鶴や寄せ書きには用途はないので、ゴミとして燃やす以外ない。しかも、送り主には、送ったものが被災地に飾られているところを見たいという要望が強い。だから、送られたら、ゴミとして燃やす前に、いちいち飾って写真を撮らなければならない。善意が、かえって被災地の負担を増やすのだ。それでも「善意なんだから、被災地の人は受け取ってくれるはずだ」と、後先考えないで送りつける人が後を絶たないらしい。

動機が善意であるだけでは、必ずしも問題解決にはつながらない。大切なのは、実際に事態をよくするかどうかだ。そのためには、問題を具体的に解決する方法を考えるべきであって、自分の気持ちを基準にすべきではないのである。

善意の人
↓
自分の気持ちが基準
↓
空回り

【まとめ】

1　「一人ひとり」ができることをしても、そのまま「みんな」には反映しない
2　善意だからといって、必ずしもよい結果は生まない
3　方法を吟味しないと、かえって損害は大きくなることも

具体性がうやむやの結論系❷

「できることからはじめればいい」

A「子どもの誘拐事件が増えているらしいね」

B「うちも小さい子どもがいるから心配だよ。どうしよう？」

A「何かできることからはじめればいいと思うよ」

B「じゃあ、児童の登下校の見守りはどうかな？　登下校の時間に要所要所に立つんだ」

A「悪いアイディアではないけれど、はたしてこれで僕らの地域は安全になるのかなあ」

B「『できることから』と自分から言ったくせに……」

●具体的であれば何でもいいか？

「できることからはじめればいい」という問題解決は、どこかホッとさせるところがある。きっと、自分も貢献できそうだという希望が持てるからだろう。何でもいいから、思いついたことからはじめればいい。そうすれば、きっと「よい結果」が生まれるはずだ、と。

だが、提案は希望がありさえすればいい、というわけにはいかない。「こうすればこうなるはず」というメカニズムをよく考えないと、意図した結果は得られない。むしろ、**意図しなかった逆効果が生じる可能性**さえある。

たとえば、環境問題が華やかなりし頃、「牛乳パック」からハガキを作ることが流行った。「物を無駄にしまい」という意図は尊い。だが、これは環境負荷を軽減しない。なぜなら、まず「牛乳パック」を集めて、それを煮て繊維状にして、そこから「紙を漉《す》く」作業が必要になるからだ。熱するためにガス・電気を大量に使うし、水も必要だ。資源を消費して環境も汚染する。物を大切にして、かえって環境を汚してしまっている。

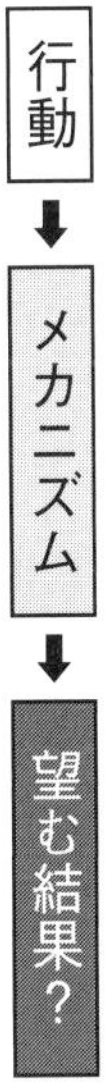

ちなみに冒頭に掲げた会話の例にある登下校の見守りは、たしかに犯罪防止に役立つのかどうかは疑問だ。そもそも、子どもの失踪とか殺人など、そう何回も続けて起こるわけではないからだ。数年に一回、それも日本のどこかで起こるか起こらないかのまれな出来事だ。とすれば、見守りして効果があるかどうかは簡単に確かめにくいはずだ。

なぜなら、もともとめったに起こらないのだから、見守りの間に事件が起こらなかったとしても、それがたまたまなのか、見守りしたから起こらなかったのか、確かめようがない。実証したいのなら、見守りする地域としない地域に分けて、しない地域で、子どもの失踪・殺人がたしかに増えた、という結果を出すしかない。でも、そんな非人間的な実験を誰が望むだろうか？

●どうすればいいか？⬇因果関係を見極める

それどころか、以下のようなシミュレーションさえ不可能ではない（広田照幸「『安全対策』は私たちに安心をもたらすか―子どもの登下校時の安全対策をめぐって」）。見守る効果がわからないので、しだいに参加者が疲れて下火になってきた。そこで、参加者の気持ちを活性化させようと、新しい展開を導入する。たとえば、子どもの脅威になりそうな「怪しい人物」

をあらかじめリスト・アップして監視する。やるべきミッションができて参加者は張り切る……ややうがちすぎだが、ありえないとは言えないところが怖い。

「自分にもできる！」というドライヴ感は、たしかに大切だ。それは人生に希望を与える。しかし、それだけで具体的提案に飛びつくのは危険だ。本来の目的につながるかどうか？　結末まできちんと予想できるか？　**見通しなしで「できること」からはじめても、見当違いに終わる確率は大きい**。できることではなくて、むしろ「結果に結びつく」手段を慎重に選び出すことから、はじめなければならないのだ。

提案する → 予想される直近の結果 → 期待した効果に結びつくか？

【まとめ】

1　「できることからはじめる」には見当違いというリスクもある
2　解決案がどのような結果を生むか、事前に吟味する
3　ドライヴ感だけを頼りに、具体的な提案をしてはならない

「人それぞれ」

具体性がうやむやの結論系❸

A「この頃、ネットで他人を口汚く罵《ののし》る人が多いね。ああいうの、どう思う？」

B「言論の自由。人それぞれだよ」

A「それって単に放置しているだけじゃないの。そういう態度ってサイテーだね」

B「何だとーっ⁉」

A「イターッ！　どんな意見だって『人それぞれ』じゃなかったの⁉」

B「殴るのだって『人それぞれ』だよ！」

形はそれぞれだけど
共通点はないか？

●相対主義は解決になるか？

「意見を言ってほしい」と迫られると、とりあえず「人それぞれ」と片づける人は少なくない。好みの違いは乗り越えられない。クラシック・ファンとメタル・ファンでは話はできない。「えーっ、そんなのが好きなの？」と喧嘩・不和につながる。だから「人それぞれ」だ。

たしかに、この言葉は一見寛容だし、どんな対立状況にあっても万能だ。「カレーとハンバーグどっちが好き？」「人それぞれだろ」。「自民党と共産党、どっちがいい？」「人それぞれ」。「日本の憲法、変えたほうがいい？　変えないほうがいい？」「人それぞれ」。使い出がある。

ただ、よく考えてみると、この言い方は当人の好みの表明にはなっていない。「カレーとハンバーグどっちが好き？」なら「カレーだよ」、あるいは「ハンバーグさ」がノーマルな答えだ。**問題に対しては選択することが意見表明の第一歩なのに、その選択をしないように避けている**のだ。

意見・主張 ＝ 問題 ＋ 選択

●好みの問題に還元していいか？

それ以上に困るのは「人それぞれ」では、すべての問題は「個人の好み」に還元されるので、互いに話し合う必要がなくなることだ。「日本の憲法、変えたほうがいい？」「人それぞれ」。あなたと私の間でこれ以上この話はしないほうがよい、というサインになってしまうわけだ。

社会では、互いに何らかの意見表明をして、それに納得して進む。当然、意見の違う他人とも話す。相手に妥協を迫ったり別な提案を思いついたり、自分の当初の間違いに気づいたり、さまざまな変化が起こる。しかし「人それぞれ」は、他人との合意プロセスを拒否する。この問題は個人の問題だ。「私に干渉するな！　うざい！」となるのと一緒だ。

●どうしたらいいか？⬇自立したいか？　協力してほしいか？

織田作之助の小説『夫婦善哉《めおとぜんざい》』では、放蕩《ほうとう》する夫に対して、女房が「私が一生懸命あんたを支えているのに何やっとんねん！」と非難する。それに対して、夫が「おまえの言うことはいちいちもっともだ。でも俺はその『もっとも』が気に食わん」と言い返す。「人それぞれ」はちょっとそんな爽快感がある。「いちいち意見を言えとか、社会に参加しろとか『正しすぎること』ばかり言うな！　勝手にさせてくれ！」と。

だが、これがカッコよく見えるのは、それぞれが自立しているときだけだ。誰かに協力してもらわなければ窮状が解決できない。そんなときには「人それぞれ」なんて悠長なことは言っていられない。その逆もしかり。「『人それぞれ』なんて言ってないで助けてくださいよ」と全力で相手の気持ちに訴えるだろう。

つまり、**「人それぞれ」は面倒な人や問題と関わりを持たないために使うときの言葉だ。**「神様を信じますか？」とカルトな人々から問われたら、「人それぞれでしょ」と返せばいい。そうすれば、面倒な関係には巻き込まれずに済む。相対主義はそんな相手に使うべきで、自分を助けてくれるかもしれない相手に使ったら損になる。

【まとめ】

1　「人それぞれ」は、自分の立場の表明ではない
2　「人それぞれ」はつまらない対立を避けるのに有効である
3　相対主義は、面倒な関係に巻き込まれない方法として使おう

「相手の身になって」

具体性がうやむやの結論系❹

A「今の子どもは自己中心的だから、いじめが起きる。相手の身になれと言いたいね」
B「でも、『シカト』などコミュニケーション系のいじめも増えているよ。それって、シカトしたら相手はつらいだろうって考えるから、やってるんでしょ？　つまり、相手の身になるからいじめができるんじゃない」
A「自分がいじめられたらイヤだろうとは考えないわけ？」
B「イヤだろう、ツライだろうと予想できるからやるんじゃない？」

●「当然の前提」を疑う

「相手の身になれ」とよく言われる。「もし相手の状況が自分に降りかかったらイヤだろう。だからやってはいけない」というわけだ。「相手の身」という言葉は、ありとあらゆる問題で使われる。「相手の身になる」ことで、社会のさまざまな問題は簡単に解決するように見える。

だが、本当に「自分が相手の立場だったらイヤだろうな」という感覚は「やめておこう」に結びつくのだろうか？　そうでない事例など、いくらでも考えつく。たとえば、拷問や刑罰では「こんなことをしたら痛いだろうな、ツライだろうな」と思えるようなありとあらゆることを人間はやってきたのではないだろうか。宗教改革者カルヴァンは、政敵を「トロ火による火刑」に処したと言われる。じりじりと肉を焼いて死に至らしめる。その苦痛は大変なものだろうが、相手が悪魔の手先のサイテーな存在だと思えば、人間はそのくらいやるのである。

自分の痛み　＝　他人の痛み
同じように感じられる？

●自分と相手は同じか？

そもそも、**人間は他人の痛みを自分と同じように感じられない**。「痛い！」という叫びは聞こえ、それらしい仕草も見える。でも、自分はちっとも痛くない。同じような身体・神経系を持っていれば「私の痛み」になるか？　だが、豚や牛と同じ神経系を持っていても、その痛みは感じない。でなければ、牛肉や豚肉を食べられない。飢えで苦しむアフリカの貧しい子どもたちはどうか？　想像はできるが、相手の身になって空腹になるわけではない。

結局、**感覚や直感だけでは「相手の身になる」ことはできない**。むしろ、どこまで「自分と同じ」と考えるかで「身になる相手」の範囲は決まる。たとえば、インドのジャイナ教徒は他の生命を傷つけたくない、と身辺無一物・素裸で生活し、血を吸おうと寄ってくる蚊さえ叩かないという。ちょっと極端かもしれないが、本当に「相手の身になる」なら、とても自分と同じとは感じられないものでも、同一だとあえて考える覚悟が必要になるのだ。

●どうしたらいいか？➡道徳的主張には気をつける

結局、「相手の身になれる」かどうかは、どこまでが「自分」のことと考えられるか、想

定できる範囲で決まる。だが、その「どこまで」を決めるのは至難の業だ。「相手の身になれ」と怒号する人は、その困難さをまるでわかっていない。むしろ、こういう人は「相手の身になる」思考を現実的にやっていないから、簡単にできると思い込むのだ。

そういえば「本当にケチな人間は自分のことをケチだと考えない」とか。なぜなら、ほんのちょっとしたことでも「自分はこんなにたくさん他人にしてあげている」と思うからだ。同様に「相手の身になれ」と簡単にアドバイスする人間はかなり自己中心的とも言えるのかもしれない。経験ある大人なら、そのくらいの逆説は理解できるはずである。

【まとめ】

1　当然と思われる前提を疑うと、新しい知見が得られる
2　相手の感覚を自分は直感できない
3　「相手の身になれ」と、平然と言う人間ほどその大変さを考えていない

第1章のポイント

私たちは、知らず知らずのうちに、意味がないのに見かけだけはもっともらしい言葉を使いがちだ。その結果、現実を不正確にイメージして、具体的な解決から遠ざかる。

●意味がありそうで、実は無意味な言葉・表現は少なくない
●話題を曖昧にし、問題を先送りし、具体的な提案に落とし込めない
●強調や権力や不安を使って、相手を屈服させる方法に気をつける
●包括的な対策や相対主義では、結局、何も解決しない

第2章

会社の定番用語だけれど、意味不明な「マジック・ワード」

【言葉だけ先行のトレンド系】
【具体的にはどうなるの？ 系】
【危機感あおりまくり系】

「コミュニケーション能力」

言葉だけ先行のトレンド系❶

上司「仕事ではコミュニケーション能力が大切だ。英語・情報メディアを操り、世界と交渉できる。流行に敏感だが流されず果敢にチャレンジ。周囲の気持ちを察して引くときには引ける」
部下「会社には、そんなスーパーマンみたいな人ばかりいるんですか？」
上司「そんなわけないよ」
部下「じゃ、何でそんな無茶なスペックを要求するんですか？」
上司「言われたことを真に受けずに実行レベルに落とし込む能力も見たいからさ」
部下「深すぎ……」

●総花的な要求の曖昧性

総花的な言葉は、必然的に曖昧な内容になる。「コミュニケーション能力」もそういう言葉だ。「論理的な話し方ができる」も「相手の気持ちがわかる」のも、「気の利いた冗談」も、「さわやかな笑顔」もコミュニケーション能力。これは「臨機応変」に行動できることと、ほとんど変わらない。その場の空気に応じて適切な言葉や態度を示して、人間関係を良好に保ち発展させる能力だ。

だから、現場でたまたまよい関係が築けると「コミュニケーション能力が高い」と言われ、失敗したときには「コミュニケーション能力が低い」と非難される。結局、こういう言葉は何にでも使えるが、実質的な意味を持っていないのだ。

最近では、会話の例のように「英語・情報メディアを操り、世界と交渉できる。流行に敏感だが流されず果敢にチャレンジ。周囲の気持ちを察して引くときには引ける」人材を募集する企業も多いらしい（東京大学・中原研究所ＨＰより）。しかし、これは、単に「どんな部署でも使える」人を意味するにすぎない。そんな人がいれば、人事部は仕事をしないで済んで楽なことだろう。

●「適材適所」という逆想

そもそも「コミュニケーション能力がない」人は、その欠点をどう解決したらいいのか？ たとえば、ジョークが苦手な人は得意になるようにひたすら訓練すべきなのか？ 論理展開が苦手な人は理屈を操れるように学習すべきなのか？ 必ずしもそうではないだろう。なぜなら「適材適所」という戦略も、この世にはちゃんとあるからだ。

つまり、人間に「向き不向き」があることを最初から勘定に入れて、適当なポジションにつかせる。自分でも自分に適した場を求める。強面《こわもて》の人間はトラブル対応に、柔和《にゅうわ》な対応ができる人は窓口へ。人間の元々持っている資質や傾向を無理に変えるのではなく、資質に合った場を見つけようとするのである。

人間の能力は偏っており、相互補完的に働くから意味が出てくる。果敢な人の立てた計画を、慎重な人がチェックする。慎重な人が足踏みするところを、果敢な人が背中を押す。文章が、他者の視点を内在させることで、より説得力が増すように、社会や組織でもさまざまな視点からチェックして影響を与え合うからこそ、全体としてより納得できる方向が見い出せるのである。

●どうすればいいのか？➡対話できる環境を作る

とすれば、組織として大切なのは、コミュニケーション能力という実体のないものに頼るのではなく、さまざまに偏った人々が互いに対話できる環境や枠組みを作ることだろう。個人には、そういう環境の中で他人と**対話するための寛容さと理解能力があれば十分だ。**体型や顔つきが違うと、同じ仕草や表情、言葉でもニュアンスが違ってくるように、自分が他人と通じ合える通路もさまざまだ。総花的な能力が自分にはないとおびえる必要はないのだ。

臨機応変？
➡
自己の偏りに気づく
➡
相互補完
➡
寛容＋理解能力

【まとめ】

1　総花的な言葉は、必然的に曖昧な内容になる
2　個人の能力は偏っているが、相互補完的に働く
3　コミュニケーション能力とは、対話のための寛容さと理解能力を持つこと

「プロ意識を持て！」

言葉だけ先行のトレンド系❷

上司「最近の若い奴はだらしないな。もっとプロ意識を持つべきだ」
部下「プロ意識って？」
上司「自分の職業への誇りだよ」
部下「一応システムエンジニアなんで、生活費ぐらいは稼げてますけど。それが何か？」
上司「これだけは誰にも負けないって自負はないのか？」
部下「そんな精神論、面倒くさいだけですよ。私は日々変わる技術にキャッチ・アップできているだけで十分です」

フロシキなら持てるが……

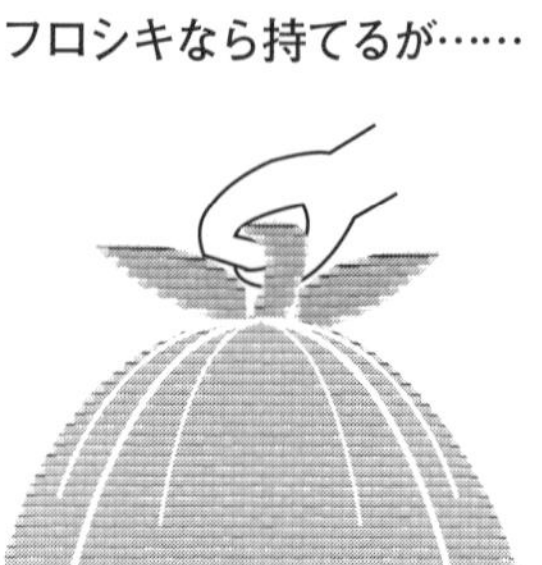

●意識と存在は対応するか？

自己意識には「かくあれかし（こうなってほしい）」という願望が含まれる。そのため、現在の事実が志と違えば違うほど、願望は高まる。「プロ意識」という言い方でも、「プロであれば、こうあるはずだ」「プロになれば、こうあるべきだ」と願望が投影されて、実態とは似ても似つかぬイメージになる。

とくに、「プロでありたい」人は「私はプロです」と言いたがり、「プロとして」理想を語る。思い入れが強い場合は、食えなくても「その道のプロ」と自称する。たとえ作品が売れなくても「私はアーティストだ」と言いたがる「芸術家」は少なくない。それどころか、作品を一個も作っていなくても、すでに頭の中は「アーティスト」。そういえば「作家。ただいま処女作執筆中」という不思議な肩書きの人で売り出した人もいた。

●プロの仕事は地味である

プロになる条件自体はシンプルだ。要するに、需要のやや見込める分野を見い出し、そこに一定水準以上のサービスや物を提供できればいいわけだ。ただ、その「一定水準」と「需要の見込める分野」を決めるのは、自分ではなくて需要側だ。そのバランスを見つけるのが、ちょっと面倒なプロセスになる。

たとえば、現在の需要は高くなくても、競争相手の少ないところがあるかもしれない。そこを狙って、自分なりの商品を提供できるかどうか。しかも、この世で数人しか理解できない「特殊なよさ」ではダメであって、多くの人々が興味を持てる水準に合わせる。いわば、需要と供給の突き合わせという地味な作業なのである。

だが、「プロ意識を持て！」は、こんなディテールをすべて無視して「プロはすべてができなければいけない」という幻想を振りまき、プロに憧れる後輩・弟子たちのささいな失敗や欠点を責める。「おまえら、プロとしてどうよ？」などと。だが、もちろん説教している人間は、需要のバランスを突き合わせる作業をしていない。つまり、**人に説教をたれたがるのは自分の仕事をやっていない人**なのである。

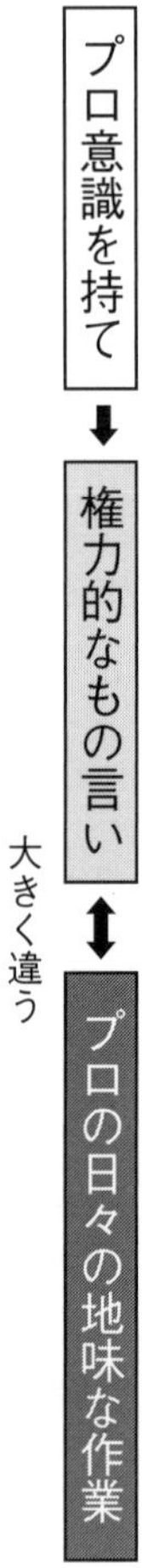

●どうしたらいいか？⬇語り口を点検する

むしろ、仕事を続けている人は、自分の経験した失敗を常に点検し、記憶している。それを克服しようと努力して、いつも「未完成」だと自覚し、だからこそ、次に頑張る理由も出てくる。そういう人は自分に満足していないので、「近頃の若い者は……」などという言いぐさなど、口が裂けても言わないはずだ。

その人の**存在は、「意識」ではなく「語り口」に現われる**。「プロ意識」を連呼する人の仕事ぶりはだいたいかんばしくないので、その「プロ・イメージ」も実態からはずれる。語り方に注目すれば、その人のアドバイスを聞くべきか否かは、簡単に推察できるのである。

【まとめ】

１　自分が終わった人は権力的なもの言いに陥りやすい
２　自己意識には、願望が混入する
３　個人の存在は、むしろ「意識」より「語り口」に現われる

#「グローバル人材」

言葉だけ先行のトレンド系❸

英会話スクール社員「これからビジネスではグローバル人材が求められる。世界のどこでも活躍できる人です。世界に目を向けなきゃ、ビジネス機会を逸します」

見学者「そうは思っているのですが、英語が追いつかなくて……」

英会話スクール社員「うちに来れば、すぐ上達しますよ」

見学者「と、この前も言われたんですが、なかなか……」

英会話スクール社員「まず、その恨みがましい性格から直すべきですね。明るく前向きに。Hi! How are you?」

見学者「……I'm fine, thank you!（何か違うな……）」

地球を股にかけて活躍する人

●「ありがちな類型」は現実を表わさない

私たちは、つい「ありがちなイメージ」で考える。だが、**類型は必ずしも現実と対応しない。**たとえば「グローバル人材」というと、カッコよいスーツに身を固め、アタッシュ・ケースを抱えて世界を飛び回り、英語で商談をまとめては自国にとんぼ返り、グローバル企業の求めるスペックに完璧に応えるビジネス・スーパーマン、そんな姿を思い浮かべがちだ。

だが、それはもう時代遅れだ。たとえば、打ち合わせならスカイプでも十分だ。オーストラリアの本社やシンガポールの会計士と、自宅にこもって深夜にぼそぼそ話す。オフィスには、ときどき顧客をもてなすために行くだけ。スーツを着る機会も激減、担当の仕事をこなし、報告書を書いて送る。年度末だけ上司と成果について協議。外に出ることはめったにない。……その格好はむしろ、往年の「オタク」そのものかもしれない。

●場所にとらわれない働き方とは？

これは、悪い冗談でも遠い未来図でもない。着々と現実に進行していることである。実際、私の友人は名だたる外資系コンサルティング会社で働いているが、オフィスに行くのは週に一回あるかないか。たまにアジア・アフリカに出張するが、ふだんは伊豆の海辺で静かに暮らしている。「グローバル人材」とは、バタバタと忙しく世界を飛び回る人ではなく、世界のどんな場所にいても、粛々《しゅくしゅく》とアウトプットを出せる人のことなのである。

世界のどこにでも行ける ➡ オフィスに頼らない ➡ どこでも自己管理できる

そもそも「グローバル人材」が活躍する場所は、英語圏とは限らない。むしろ、消費が伸びているアジア・アフリカの新興国だろう。特権階級は多少英語ができるが、そんな人たちと付き合うだけでは商売にはならないから、現地語を学び、現地の人と一緒に飯を食べ、片言でも話をする。仲よくなったら相手もちょっとくらい日本語を話すようになるから、会話は英語・現地語・日本語の三カ国語のチャンポンになるかもしれない。「グローバル人材＝英語を操ってビジネスする人」という考えが、すでにドメスティックな思い込みにとらわれている。英会話学校のいいカモなのである。

●どうしたらいいか？➡求められる能力は変わっていない

したがって「グローバル人材」とは、英語で何でもやれるスーパーマンではない。むしろ、自分が関わった地域で最善を尽くせる人だ。相手の言語・行動・習慣を理解し、成果を出す。会社に言われなくても、自分のアイディアで新しい仕事の分野を見つける。足りないところは独自に勉強をする。苦境でも落ち込まないで、ユーモアと皮肉を忘れない。しかしながら、これらは「優秀なビジネスマン」の一般的条件であり、「グローバル人材」に限られる資質ではない。

結局、ビジネスの環境が日本から世界へと変わるだけで、求められる能力にそう変化はないのだ。**類型に頼らないで現実を見れば、状況は変わらない**。今まで、日本国内の人間関係を維持するのに向き合っていた時間（これがけっこう大変だった！）を使えば、言語だって上達するはずだ。要は努力の時間配分の問題にすぎないのである。

【まとめ】

1　グローバル人材とは、どこでも自己管理ができて成果を出せる人である
2　環境が変わるだけで、求められる能力は従来と変わらない
3　類型に頼らないで、現実の条件を見る

「ウィン・ウィンの関係」

言葉だけ先行のトレンド系❹

A「この会社は将来有望なので、ぜひ投資をお勧めしたい」

B「そういう話はもうこりごりだよ。そんなに儲かるのだったら自分でやればいいのに」

A「金額が大きくないとリターンも少ない。私も紹介料で儲かりますが、Bさんのリターンも大きい。ウィン・ウィンの関係じゃないですか？」

B「つまり失敗しても元本保証するのね？」

A「いえいえ、リスクはやっぱり自分で取っていただかないと……」

B「結局、私が損してもあなただけが得する仕組みなんでしょ？」

関係するものを結べ

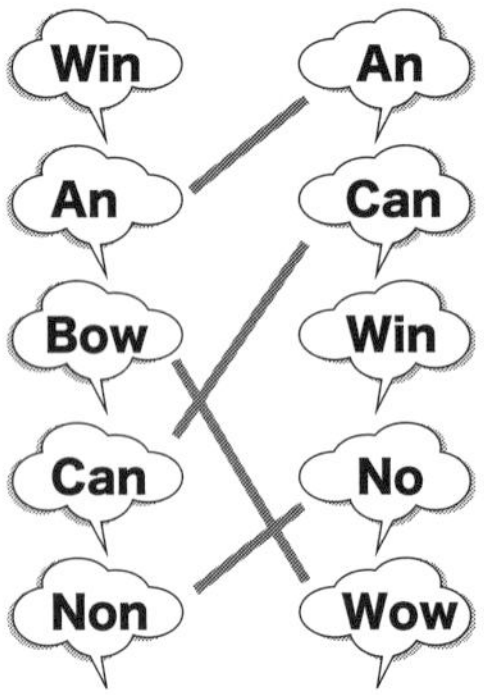

●対になる概念から理解する

現実のメカニズムを明確にするには、反対概念を思い浮かべるとよい。なぜなら、たいてい、現実は二面性を持つからだ。「ウィン・ウィン」とは「私も得をするけれど、あなたも得をする」関係だ。交換を考えればわかりやすい。たとえば、米を作る農民と魚をとる漁民がいる。米だけ、あるいは魚だけだと飽きるから、二人の間で持ち物を交換すれば、食べ物にバリエーションができて、より幸せになる。

逆は「トレード・オフ」だ。「あちら立てればこちら立たず」。片ほうが得をすれば、もう片ほうは損をする。船が難破して救命ボートで漂流した場合、食べ物が足りず、分け合うと二人とも餓死する。食料を奪い合って、片ほうが独り占めし、もう一人は餓死する。下手すると、もう一人の食料と化す。

●豊かな経済と貧しい経済

この二つは、そもそもの前提が違う。「ウィン・ウィン」では、当初からメンバーが豊富なリソースを持っている。だから、交換するとより豊かになって満足度が増す。それに対して「トレード・オフ」はリソースが足りない。分ける過程で誰かが割を食う。前者が幸せな結末なのは当然だ。物が余っているのだから、それを持ち寄っても豊かさは増すだけで減りはしない。それに対して、後者は地獄のストーリーだ。誰かをよくしようと思ったら、誰かが犠牲になる。そのマイナスや犠牲を誰に押しつけるのか、という陰惨な話なのだ。

全員が豊かなウィン・ウィン ⟷ 全体が貧しいトレード・オフ

経済のストーリーはこのパラダイスと陰惨の両極を激しく揺れ動く。たいていは、福祉を充実させると財政は破綻するなどの「トレード・オフ」系の話だ。だが「ウィン・ウィン」もないわけではない。

たとえば、第一次世界大戦後のドイツ。経済が混乱して失業率もうなぎのぼり。政権を取ったヒトラーは「我々の課題は失業、失業、失業である」と吠え、高速道路網を整備して仕事を作り出そうとした。学者たちは国家財政が危機に陥ると猛反対したが、反対を無視して実行したら、とたんに景気がよくなり税収も増えた。これが、公共投資で経済を活性化させる政策の「ウィン・ウィンの成功例」なのだ。

●どうしたらいいか？⬇私はなぜ希望がほしいのか？

もちろん、こういう「パラダイス」はやたらと実現はしない。しかし、何か成功例があれば、相手が乗りたくなる景気のいい話をする材料には十分だ。「あの人も儲かりましたよ」「この人もすごかったですよ」。聞き手も、今度こそ失敗を取り戻せるかも、と希望にすがる。

もちろん、信じるのは個人の自由である。だが、ほとんどの場合、目の前の希望に飛びつくのは負けが込んでいる人だ。気分が落ち込まないように、都合のいい成功ストーリーを選択的に聞こうとするからだ。**希望に舞い上がっているのは、自分がひどい状況に陥っているせいではないかと、冷静に検討する**必要があるだろう。

【まとめ】

1　反対概念を思い浮かべると、物事の意味は明確になる
2　経済は、ウィン・ウィンとトレード・オフの間を揺れ動く
3　レアな成功ストーリーでも、失敗続きの人間にとっては希望になる

「リーダーシップが必要」

具体的にはどうなるの？系❶

コンサルタント「このプロジェクトを実行するには社長の強いリーダーシップが必要です」
社長「そういうの私苦手だな。現場で部下とワイワイやっているほうがいいよ」
コンサルタント「ダメです。社員に目標を徹底させ、一丸となって邁進してください」
社長「でも、実際に目標を作ったのはあなただし……強く言えないよ」
コンサルタント「反対は許さないという迫力をもっと出してください。今年はこれを達成するという信念を明確化するんです。社長の人間性が試されます」
社長「結局、強く言えば何とかなるわけ？」

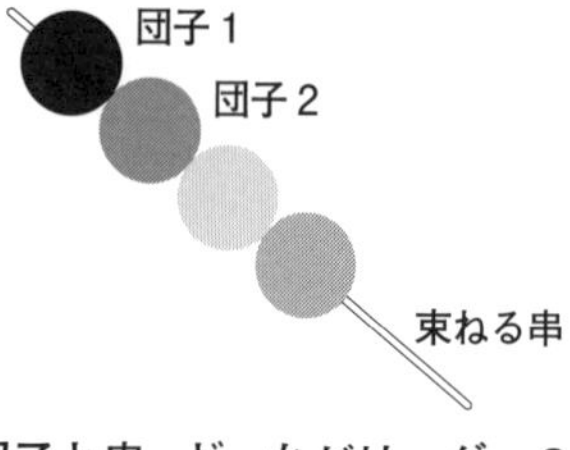

団子と串、どっちがリーダー？

●定義に戻って考えよう

物事は、定義に戻って考えないとすぐに内容が劣化する。世に流通するマジック・ワードのほとんどは、定義をちゃんと確認しなかったために出現する。たとえば「リーダーシップ」は、自分の信念を強く表現することだと思われている。しかし、本当にそうか？

組織が動くにはさまざまな要因がある。目標の共有、事業の意義の明確性、強い動機、成功への見通し、必要な材料・資金など。だが、それらの要因が、プロジェクトの初期にすべてそろっている場合はむしろ珍しい。メンバーの理解はあやふやで動機は弱い。資金の見通しも曖昧で材料が確保できるかどうかも不確か、成功への見通しも立たず、不安が出てくる。そのときに、さまざまなデータや証拠を示して「いや、これはうまくいくはずだ」と見通しを示し、目標に向けて集団の士気を高める。これがリーダーシップの定義だろう。

●リーダーシップとは強さではない

したがって、リーダーは何でも自力で解決できるスーパーマンとは違う。リーダーは配下に命じてやらせるしかない。ただ、強制や罰だけでは、他人に効率よく実行させられない。

配下＝フォロワーが「これをすることはいいことだ」と自主的に信じないと、うまくいかない。つまり、**リーダーが命じる内容は、命じられた人が受け入れられること**なのだ。

リーダーは命じる
⬇
フォロワーの自主性
⬇
受け入れられること

「このリーダーに従えば、自分はもっと自由・豊か・正しくなれる……」と考えられる場合は、自主的に命令に従い、自分たちで細部を工夫し、期待以上の成果を出す。そんなふうになるために、リーダーは、フォロワーたちの欲望を事前に察知し、わかりやすいイメージや目標にまとめ、それぞれに役割を振る。むしろ、他者が達成するイメージを創るのだ。

●どうしたらいいか？⬇通念に左右されず、フォロワーシップを獲得する

とすれば、リーダーシップ不足とは、通念とは逆に、自分の意見をひたすら押し通す「強さ」がないせいではない。むしろ、フォロワーが欲望する楽しさ・面白さ・興味深さなどを見つける能力が足りないために、フォロワーが何となくやる気がしないという状態のことだ。

だが、残念ながらリーダーシップを強調する人は、強さ・信念ばかりを唱える傾向が強い。だから「気力」「迫力」「人間力」などと、内容が薄く観念的な言葉を連発しがちだ。力を誇

示しようと、邪魔者や悪者を攻撃する手法も頻発される。だが、そういうやり方は、結局自分の手足となって動く人間を潰すことになり、いつまでも続けられない。リーダーが力むだけでは、フォロワーの主体性や「やる気」は出てこないのだ。

本当の意味でのリーダーシップとは、興味深い目標と具体的なタスクを与え、人々が主体的に参加できる場・枠組みを作ることである。リーダーを志向する人は、**自分の力を誇示するより、フォロワーシップをどう獲得するかに努力すべきだ**。その意味で、強さや信念ばかりを強調するリーダーシップは、根本から間違っているのである。

【まとめ】

1　リーダーが命じることとは、命じられる人が受け入れられることだけである
2　リーダーシップとは、フォロワーの欲望を察知して実現へつなげる能力である
3　言葉の本来の定義に戻らないと、内容はどんどん劣化する

「組織一丸となって立ち向かう」

具体的にはどうなるの？ 系❷

上司「プロジェクトを成功させるには、さらに頑張る必要があります」
部下「これ以上、何をどう頑張れと言うんですか？」
上司「組織一丸となって立ち向かうんですよ」
部下「みんな疲れているからミスが出るんです。ちょっと休んだほうがいいと思いますよ」
上司「マネジメントは上の人間が判断します。これまで以上に報告・連絡を徹底してください」
部下「その作業でみんな疲弊しているんですが……」

●「一丸」となった組織とは？

「組織が一丸となる」とは、集団の統一性が取れている状態を指す。脳の命令を手足が実行するように、上司の指示を部下が理解して一糸乱れずに一体となれば、大きな仕事でもあっという間に完成する、というわけだ。

こういうシステムの代表は官僚組織だろう。トップが決めたことを間違いなく実行するために命令系統は明確になり、大きな仕事は分割されて各人に分担され、それぞれ責任を持って実行される。つまり、官僚組織とは、本来、ものごとを効率的に行なうための組織のことなのだ。もちろん現実はその反対。官僚組織は非効率・逆効果の代名詞だ。「仕事が遅い」「たらい回し」「無意味な手続き」。さまざまな非難が投げかけられ「改革」が提案される。だが、それで、状態が劇的によくなったことは少ない。

●集団化にはコストがかかる

一体化して効率よく動くために作られたはずの官僚組織が、非効率なのはなぜか？「集団の一体化」には、それなりのコストがかかるからだ。協力して動くには、まず共通の理解が必要だ。みなに情報が回され、各自が内容を確認する時間が必要だ。理解が遅い人にはレクチャーや研修もしなければならない。そうやって順々に確認して、やるべきことがはっきりしたところで、やっと実行に移れる。

これでは、決断・対処は決定的に遅くなる。だから「仕事が遅い」。さらに、それぞれの分担ははっきりしているから、そこを超えた事柄には手を出してはいけない。扱いにくい問題は「たらい回し」。そうでなくても、上の決断を仰ぐまでにはさまざまなプロセスがあるから、後から見ると「無意味な手続き」と思える。結局、かえって非効率や不条理を生む仕組みになっているのだ。

それどころか、命令を実行するために作られた組織は、状況の変化にうまく対応できず、不条理な命令をそのまま実行しようとする。たとえば、第二次世界大戦中、沖縄で民間の犠牲者が多くなったのは、軍の強制だけでなく、役所などの中間管理職が住民に「集団自決」を強いたからだという説がある。日本軍は負けたのだから、素直に降伏すればよいのに、戦況が変わる以前の命令を「官民一体」となって、そのまま実行しようとして悲劇を生んだの

である。真偽のほどはわからないが、理屈から考えるとありそうなことだ。

●どうしたらいいか？➡発生するコストをちゃんと予想する

結局「組織が一丸となる」ことは、解決策どころか、むしろ問題を広げることが多い。したがって、一体化するとは何をどうすることなのか、確認する必要がある。具体的な仕組みに触れずに、この言葉を得意気に連呼する人間は信用してはいけない。そういう「一体化」を文字通り実行しようとすると、無駄なコストがかかるだけでなく、そのコストの発生自体を認めないために、さらに問題を悪化させる場合が多いからである。

【まとめ】

1. 何かを提案するときには、必ずそのコストも考えるべき
2. 一体化して効率よく動くための組織は、非効率も生み出す
3. 現実には常にコストがかかることを考慮して対処する

「意識改革をすべき」

具体的にはどうなるの？　系❸

A「このプロジェクトの成功には、社員の意識改革が欠かせません」

B「今までもずいぶん努力はしましたよ」

A「努力したのに、結果が出なかったのなら、『努力』の方向が間違っていたわけです。溺れる人が自分の髪の毛を引っ張っても、自分を引き上げることはできません。ならば、外部に任せるべきです」

B「自分たちで考えないのが『意識改革』なんですか？」

意識を取り替えれば、ＯＫ？

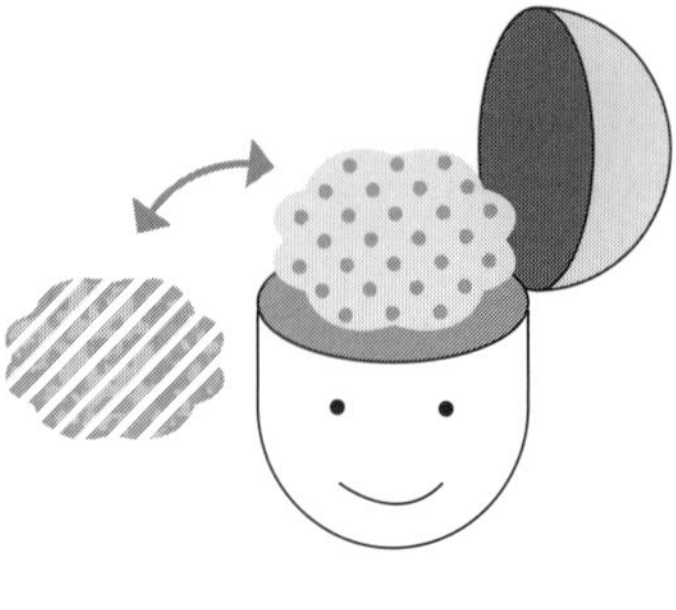

●通念を吟味する

「意識改革」も、会社でよく使われるマジックワードだ。考え方・発想の仕方さえ変えれば、自分が変わるという。たとえば、ビジネス書では、よく金儲けができるマインドを形成すれば、大金持ちになれるというストーリーを説く。この発想の元には、意識・思考が行動の原因だという前提がある。悲しい気持ちになるから泣く。気持ちが先で行動は後。泣きたい自分を変えたいなら気持ちを変えろ、と。

では「楽しい気持ちになる」には、「楽しくなろう」と思えばいいのか？　そうすれば、即座に楽しくなるか？　そんなことはない。精神論だけでは気分は楽しくならない。**意識・思考は、思ったほど自分の自由にはならない**のだ。

●意志は自由になるか？

もちろん、これは気分や感情の話で、意志なら自分の自由に左右できるはずだ、という人もいよう。たとえば「手を挙げよう」と思えば、即座に手は挙がる。つまり、自分の意志をちゃんと保ってさえいれば、自分の行動はちゃんとコントロールできる。ほら、思考は現実化する、と。

だが、残念ながら、話はそれでは終わらない。「保つ」とは安定させることだ。だから、安定させるのは「意志をちゃんと保とう」と考える自分の意志だろう。意志をコントロールするための意志。それがないと「意志をちゃんと保とう」という気持ち自体が生じない。

だが、もしそうだとしたら、その「意志をコントロールするための意志」をコントロールするための意志も必要になるのではないだろうか？　マトリョーシカみたいに、その『意志をコントロールするための意志』をコントロールするための意志」をコントロールするための意志が必要になるのでは……こんなふうに意志するためには無限に意志することが必要になる。いったい、私はどこから意志をスタートできるのだろうか？

変革する意志 ⬆ 意志を保つための意志が必要 ⬆ スタート地点の意志は？

●どうすればいいのか？⬇「意識」より前に環境を整備する

考えてみれば、我々は意志を持とうと思って持つのではない。むしろ、周囲から刺激を受けて「これではダメだ。何とかしよう」と思うことが多い。つまり、**環境しだいで感じ方が**

変わり、それにつれて意志や行動も自然に変わってくるのだ。

だとすれば、行動を変えるためには、心持ちよりも環境を変えるのが早そうだ。そういえば、文章を書くときには、俗に「明窓浄机《めいそうじょうき》」、つまり、見晴らしのよい窓ときれいな机が必要とされる。窓や机は人により違うが、「意識改革」などと力む前に、自分にとって気持ちがよく、その気になりやすい環境を発見するのが充実した仕事をするコツなのだ。頑張っても、思ったような効果が上げられないと嘆くのではなく、意志があれば何でもできるという**「通念」から考え直すほうが近道なのである。**

【まとめ】

1　世に流通しているけれども、間違った考えは少なくない
2　自分がその気になる環境を作れば、自然にやる気になる
3　通念から考え直したほうが、解決は早い

「自己アピールが足りない」

具体的にはどうなるの？ 系❹

上司「きみは自己アピールが足りないよ。自分の意見をがんがん押し出さないと」

部下「それはそうかもしれないのですが。できもしないのに『できます！』と手を挙げるのも違うような気がするのですが」

上司「ライバルを押しのけてポジションを取るのが先。できるかどうか悩むのはそれから」

部下「できる見込みが少ないのにアピールするんですか？」

上司「その気持ちがダメなんだよ！」

どんな期待にも応えなければならないのか？

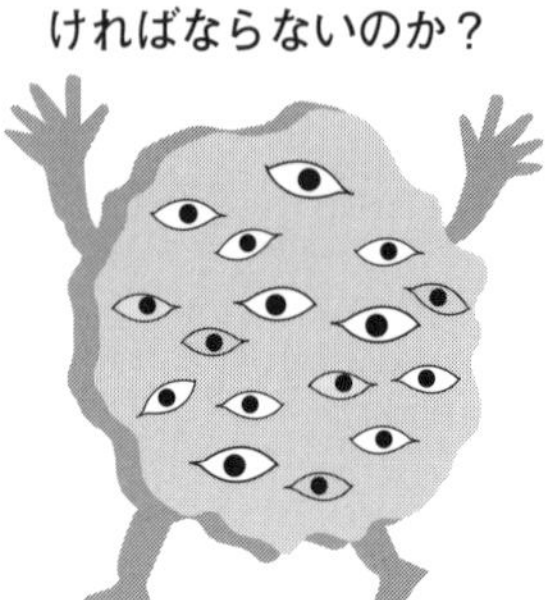

●押し出す「自己」はどこにあるか？

「自己アピール」とは、自らの特長・長所を他人に印象づける行為だ。「自分は、こんなに有能だ」と見せつける。そうすれば、いい就職にもつながるし、仕事もスムーズにいく。だから評価されるには、企画力とか行動力とかリーダーシップとか、いかにも特長・長所と思われそうな要素をまずリスト・アップし、その中から自分が持っているものを見せびらかし「ほら、こんなふうに！」と演技するわけだ。

もちろん「演技」すると言っても、嘘とは違う。むしろ「演技」するには、真実というベースも多少は必要になる。アメリカの代表的俳優術であるストラスバーグ・メソッドでは「よい演技をするには、過去の記憶をありありと呼び起こせばよい」という。たとえば、恋人が死んで「悲しむ」場面では、飼っていたペット（！）が死んだときの感じを思い出せば、うまく演技できるとか。まがいものでもいいから、とりあえず根拠はいるのである。

●自己アピールとは編集である

ただ、**「自己アピール」には、既視感がつきまとう。**アピールされる側が「よい」と感じている要素を選び、それにぴたりとはまるイメージを見せるのだから、当然だろう。

たとえば、リーダーシップなら「○○のプロジェクトで危機に陥ったとき、自分は○○という提案をみんなに示した。疑念を持つ上司・同僚たちは少なくなかったが、熱心に説得した結果、○○の対策が取られ、危機は解消され、プロジェクトは成功した」というようなストーリーになる。後は「○○」の中に具体的な要素を入れて「自分の体験」にする。逆に言えば、体験の中から物語に適合しそうな要素やエピソードを拾っていき、それをつなぎ合わせて、「私のリーダーシップ物語」として完成すればいい。

一般的な物語のパターン

↓

具体的なエピソードを挿入

↓

自己アピールの完成

●どうしたらいいか？➡都合のよいストーリーの強調に飽きる

そのような意味で「自己アピール」はメロドラマやポルノに似ている。お定まりの展開に落とし込んで感心させたり、興奮を生じさせたりする。聞いているほうも、その気になって一時的に気分が高揚する。そういう語り方なのだ。

もちろん、こういう**定型は、よくある欲望に従うだけで、事実を表わさない。**だから、自己アピールは「狐《きつね》と狸《たぬき》の化かし合い」のようになる。たとえば、本人が「心配性で決断が遅い」としたら、どうするか？　心配が現実にならなかったらただの「グズ」になるので、「先見の明がある」印象にするために、適当な危機一髪のストーリーをでっち上げる必要が出てくる。

あるいは、自己アピールの連続に辟易《へきえき》することを計算して、あえて控えめに「質朴《しつぼく》」を装う戦略も出てくる。評価する側も、そういう展開を予想して、その質朴さがホンモノかどうかを疑う。そこで、また評価される側は……こんなイタチゴッコが繰り返される。評価する側もされる側も、もういい加減、こんな陳腐なゲームには飽き飽きしていい頃だろう。

【まとめ】

1　自己アピールでは「他人が長所と思ってくれそうな特徴」を見せつける
2　他者の欲望を先取りすることは、メロドラマやポルノに似ている
3　定型は、見るほうの欲望に従うだけで事実を表わさない

「研修が必要だ」

危機感あおりまくり系❶

研修でパワーアップできる？

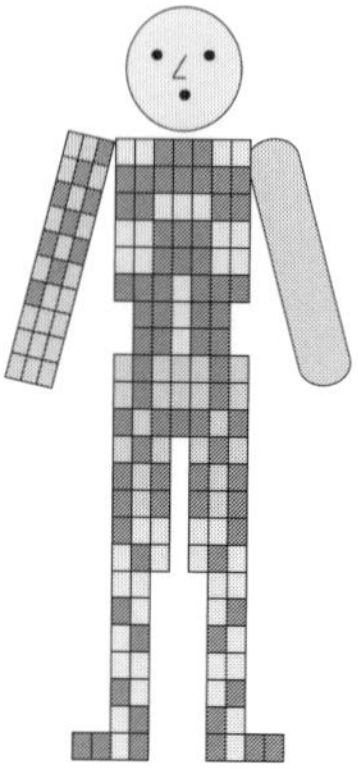

経営者「成果が十分に出ていない社員は、特別に研修してもらっています」

記者「それは手厚い対策ですね。効果はいかがですか？」

経営者「頑張らないとクビになると思うので、必死になるようですね」

記者「研修後はどうなるんですか？」

経営者「通常の仕事に戻し、そこで成績が上がらないと辞職を勧告します」

記者「つまり、一応、会社も努力したって形にするわけですね？」

経営者「いえ、あくまで研修が必要だということです」

●反対の意味を表わす言葉？

言葉は気をつけないと、すぐ似て非なるものに変化する。**時には、現場の必要性から、反対の意味になる**ことすらある。職場における「研修」もその一つだろう。もともと研修とは「職務上必要な能力を修得するために、ある期間特別に勉強や実習をすること」という意味だ。だから、必要な能力を修得したら、元の職場に復帰させられるはずだ。

だが「研修」の結果、期待された能力を修得できなかった場合はどうなるか？　元の職場に復帰できず、行きどころがなくなる。実際、日本の研修では、そういう場合が少なくない。たとえば、数年前のデータだが、公立学校で「指導力不足の教員」として研修を受けた189人のうち、現場復帰したのは78人、55人は研修継続。退職・休職・転任が54人、その他2人。「研修」が有効だったのは3分の1程度。効果はかんばしくないのである。

●研修は「不適格者」のセレクト過程？

なぜ、こんなことになるのか？「研修が必要」とされるのは、よくよく何かしら問題があると判断された場合だからだ。逆に言えば、**「研修が必要」は、不適格者という最終認定**

がなされつつある状態という意味を持つ。だから、いったんこのプロセスに入ると、そこから抜け出すのは容易ではない。

一方、こういう「問題児」を指導する者は、「適格な指導者」が選りすぐられ、受講者に「聖なる掟」を伝達する。したがって、研修では「受講者は指導者に服従すべし」という立ち位置の確認がまず行なわれる。従順さを試すつもりなら、指示は不条理なほどよい。もし「こんなくだらないことやれるか！」とキレれば「反抗的」とレッテルを貼れるし、嫌々やると「意欲なし」と判断できる。「使えない人間」を標的にして排除するなら、口実は何でもいい。この言葉に、何となくうさんくささがつきまとうのは無理もないことなのである。

●どうしたらいいか？➡権力的な関係を侵入させない

このプロセスでは、研修の受講者が、いくら自分が正しさを主張しても、何にもならない。なぜなら、この時点では、「研修」はすでに「不適格者と評価された者が、本当に不適格かどうかを見極めて効率的に排除する場」に変化しているからだ。抗議の声を上げても、それは反抗的な行為としてしか解釈されず、「こいつだけは排除しなければ」という心証をますます強める結果になる。

もちろん、これは、すべての「研修」が無意味になるわけではない。実際、筆者もいろいろなところで「文章研修」を行なったが、参加者の力が飛躍的に向上した例をいくつも見ている。だが、そういう結果を得るためには、指導者が明確な方法論を持ち、権力的なやり方に頼らないことが必要だ。そうでないと、**権力関係がいつの間にか言葉の意味に侵入して、言葉はその過酷さをごまかす**ために用いられる。そういう不条理な言葉の使い方は、日常に少なくない。

問題が起こる
↓
不適格者としての認定
↓
「研修が必要」
↓
評価をくつがえす機会？

【まとめ】

1　言葉は現場の必要性から実質的な意味が変化する
2　「研修」は、職務不適格者という認定がなされる過程として機能している
3　指導者が明確な方法論を持ち、権力的なやり方に頼らない

「それが、やりたいことなのか？」

危機感あおりまくり系❷

A「その仕事が、あなたのやりたいことなの？」

B「何だよ、藪《やぶ》から棒に。少なくとも、こんなくそ暑い中で営業はしたくないな。やりたいことと言えば、ホテルのプールサイドで冷たいビールを一杯飲むとかだね」

A「それが、やりたいこと？」

B「まあ、一週間くらいやると退屈になっちゃうかもね。ハハハ」

A「じゃあ、やりたいことは何なの？」

B「うるさいな！　本当はやりたいことなんかないよ。だからこんな仕事してんだよ！」

●ステレオタイプは現実ではない

ステレオタイプとは、世間に流通する陳腐な思い込みのことだ。世の中にはこういう掟がある、人間とはこう行動すべきだ、などの言葉に我々は影響されがちだ。だが、そういう**思い込みは必ずしも現実に即してはいない**。たとえば「……したい」ということでも、まずハッキリした欲望があり、それに基づいて具体的な行動が起きる、ととらえがちだ。「腹が減ったから食べる」「好きだから見る」「イヤだから逃げる」など。

しかし、現実の行動は、そんな整然とした順序になってはいないのではないか？　望まないことは「何だかイヤだな」とすぐ感じる。だが、今やっていることを心から望んでいるか、とあらたまって反問されると答えにくい。もし自らの欲望が行動の確固たる原因としてあるならば、こんなことは起こらないはずだ。

●現実に即して検討する

むしろ「これこそ自分のやりたいことだ」と感じる人は、思ったときにはじめており、いちいち「本当にやりたかったかどうか」を後から自問したりしない。「なんでそんなことやっているの？」と聞かれても、「うーん」などとモゴモゴ言いながら、気がつくといつもの作業に戻っている。「やりたいこと」に没頭している人の姿とはそういうものだ。

逆に言えば、「これこそ自分のやりたいことだ」などと公言する姿には、どこかごまかしがある。「本当にこれをしたかったのか？」にハッキリ答えねばという気持ち自体、実は**欲望があやふやになっている証拠**なのだ。最初は行動に駆り立てた何かがあっても、それがぼんやりしてきたから、もう一度言葉にする必要を感じているのである。

やりたいことを自問する

⬇

行動に駆り立てられていない

⬇

すでに欲望していない

●どうしたらいいか？⬇思考のモデルを変える

ルネ・ジラールという哲学者は「欲望の三角形」という概念を提唱している。「欲望は他者の欲望を模倣することによって発生する」というのだ。つまり、人間にはオリジナルの欲望など存在しない。有名ブランド品がほしくなるのは、有名人がそれを着ているからで、自分に着たいという本源的な欲望があるわけではないというのだ。

だとすると「それが、やりたいことなのか？」と言われても、それほどビクビクする必要はないのだ。なぜなら、はじめから「欲望」がハッキリしていることこそ、むしろ異常なことだからだ。欲望は、他者に触発されてはじめて発生する。「あの人がやっているなら、やってみようかな」。そういうホンワカした流れに身を任せているうちに、何となく「これが、自分のやりたかったことなのかもしれない」と思えるようになってくる。そういう状態が通常のプロセスであり、格別に恥じるべきことではない。

そういう現実的な流れを無視して、「それが、やりたいことなのか？」とひたすら迫ってくる人のほうが、実は、妙な観念にとらわれているのだ。そういう**思い込みに乗っかると、サイコな追及にも引っかかりやすくなる。**気をつけたい。

【まとめ】

1　ステレオタイプは、現実に対応しない
2　「欲望」は、他者に触発されてはじめて発生する
3　「やりたいことか？」というサイコな追及に引っかからない

第2章のまとめ

職場では、言葉の裏にいつも上下や支配の関係が働いている。上の立場にある者は、気持ちを揺さぶる言葉や表現を使って、下を都合のよい方向に動かそうとする。

●不安や危機感を利用して、他人を支配しようとする表現に気をつける
●通念やステレオタイプは、現実に起こっている事態をごまかす
●願望と事実を混同して、非現実的な要求に落とし込む
●言葉の定義に戻ることと、現実・事実を分析する力を持つことが大切

第3章

メディアで使われやすいけれど、中身のない「マジック・ワード」

【ごまかすために力む言葉系】
【誰が言っているの？ 系】
【メカニズムを考えない系】
【現実歪曲の決まり文句系】

「可能性はゼロではない」

ごまかすために力む言葉系❶

科学者「放射能によるガンの危険性は、ほぼありません」
記者「でも、可能性はゼロではないでしょう」
科学者「少しぐらい被爆しても影響はないのです。そもそも自然界にも放射能があって、そういうところに住んでいる人も特別ガンになりやすいわけではありません」
記者「まったくガンを発症しないと言えるんですか？　可能性はゼロと言えますか？」
科学者「もちろん、まったくないとまでは保証できないですけど。科学では……」
記者「可能性はある。危ないんですね？」

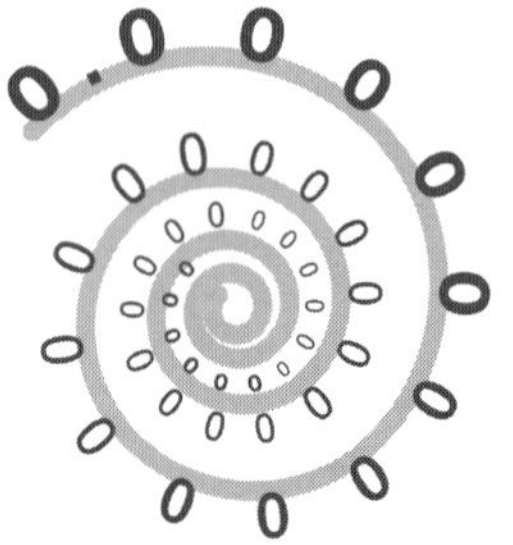

どこまでいけばゼロになるの？

●「まったく」を言うには手間がかかる

「まったく」とか「決して」とか、すべての場合を一括して判断を下す強調言葉には気をつけねばならない。これらは「全称命題」と言われるが、確実に何かを言おうとすると、膨大なデータが必要になるか、あまりにも明らかな内容しか扱えないことが多いからだ。

たとえば「白いカラスがいる可能性はゼロである」と言うには、世界中のカラスをすべて調べて「白いカラス」がいないと証明するしかない。肌が黒い人々の中にも「アルビノ」個体（突然変異で色素が減った個体）がいるので、カラスに白いカラス＝アルビノがいたって不思議はない。その可能性を消すには、調べ尽くして「一つもない」と示す必要がある。「絶対」「決して」と言うのは手間がかかりすぎるのだ。

それに対して、判断が定義から導き出せる場合は簡単だ。つまり、白鳥を「白い水鳥」と定義すれば、黒い白鳥は存在しない。それは「黒鳥」になる。カラスも「黒い色でこれこれの特徴を持つ鳥」と定義すれば「白いカラス」はいない。これは言葉の意味の確認をしているだけだからだ。

つまり、論理とは、最初の定義にどう変形を加えれば、どんな意味の違いが出てくるかを確認する技術だ。だが、それでわかることはほんのちょっとだ。白鳥を「白い水鳥」と定義すれば「黒い白鳥」は間違い。白鳥は全部白いはずだ。これは論理から言える。しかし、カラスの定義に「黒さ」が含まれないと、論理の確認だけでは「カラスは黒い」と言えない。それを言うには、世界中の「カラス（と思われる鳥）」をすべて調査するしかなくなる。

●論理と調査の混同

しかしながら、一般の人は結論しか興味がないので、そこに至るための論理と調査の違いなど気にしない。だから、**調査で判断すべきことを論理的に追求する**。会話の例の科学者と記者の言葉の使い方の違いに注目しよう。科学者は「ほぼ」「少しぐらい」とか量的で曖昧な言葉を使っているのに、記者は「ゼロ」「まったく」と「あるか／ないか」の質的で明確な言葉を使っている。

「放射能によるガンの危険性」を調べるには、ある放射線量でどれだけのガンの発生率があるのか、他の地域と比較して調査する必要がある。しかも「自然には元々放射能が含まれている」ので、その調査もある程度までしか確実性がない。多数の例を調べて「だいたいこんな感じ」と判断するほかない。だが、記者はその「だいたい」という構造を無視して「ゼロ」と言えるのか、言えないのかと迫る。科学者がそんな二者択一はできないと言うと「ゼロでないなら（危険は）あるはずだ」と論理で決めつける。

●どうすればいいか？⬇トリックの仕組みを見破る

だから、これは明らかに言葉のトリックである。調査してはじめてわかる分野なのに、論理を無理に適用して「（たくさん）ある」という、より怪しい印象に導く。こういう操作にだまされないためには、問題がどちらの方向で解決されるべき種類のものなのか、聞いているほうで判断できなければならない。そうでないと意図的な操作にひっかかる。とりあえず「ゼロ」「すべて」「まったく」などの言葉には敏感になって、簡単に使わないようにすべきだ。

【まとめ】

1　すべての場合を一括して判断を下す言葉には気をつける
2　調査しなければわからない判断に、論理を適用するのは間違いである
3　二者択一を迫る場合は、論理と調査の混同がある場合が少なくない

ごまかすために力む言葉系❷

「二度と繰り返されてはならない」

キャスター　「本当に悲惨な事故でしたね」
コメンテーター「このような事故は、二度と繰り返されてはいけませんね」
キャスター　「原因は何でしょうか？　これを教訓に再発防止のために何をしたらいいでしょうか？」
コメンテーター「現地の事情はまだ詳しくわからないので、差し控えさせてください。とにかく、二度と起こってはいけないと思います……」
キャスター　「……（それはもちろんわかっているのですが……）」

2度繰り返すとうるさい

●強く言っても、気持ちは人への伝達を保証しない

「二度と繰り返されてはならない」とは、一度起こったことを悔やみ、もう一度起こさないようにしよう、というぐらいの意味だ。不祥事などが起こると、TVのニュースショーで多用され、力を込めて重々しく発音される。そのときの沈痛な表情を売りにするキャスターもいる。

だが、**力を込めて発音されれば、強く伝わるとは限らない**。力を入れれば入れるほど、身体はこわばり、声はうわずる。自分の思いを余すところなく他人に伝えたいという思いが、かえって言葉を伝わらなくしているのだ。私の師匠、演出家・竹内敏晴は、そういうとき、いつも「もっと言葉を捨てろ！」とアドバイスしていた。自分の言っていることが全部伝わると思うな。一つの単語だけにかけて、後は捨ててしまえ。大切な部分さえ聞こえれば、後は今までの文脈がおまえの気持ちを理解させてくれるのだから、自分が自分がと思うなと。

●お手軽すぎる表現を使わない

これは書き言葉でも同じである。自分の熱意が十分に表現できないと悩む人の多くは、た

いてい、この呼吸をわかっていない。理解させようと、とにかく熱く語る。「一刻も早い」「二度と……ない」などと強調すれば、真剣さが伝わるものだと思い込む。だから自己アピールや志望理由などの文章が「熱い表現」であふれかえる。

だが、熱意は、あることに対してどれだけ準備・分析したか、どんなところに注意したか、どこが不十分だったか、今から考えてどう評価できるか、**そういう細部の情報を丁寧に述べることで、はじめて相手に伝わる**ものである。過剰な表現の必要はないし、むしろ、そういう表現を多用すると薄っぺらく感じられる。

手軽な強調表現 ＋ 薄っぺらい印象

⇕

状況を丁寧に説明 ＋ リアリティが伝わる

●どうしたらいいか？➡強調表現に頼らない

詩人の大岡信《まこと》は「人間の心の扉は一生に何度も開かない」と書いた。相手に自分の意図が伝わるのは容易なことではない。漫才でも、どんなに一生懸命やっても客がシーンとしているときもあれば、軽く流してもどっと笑いが取れるときもある。意図と結果は直線的にはつながらず、むしろ意図通りに伝わらないことのほうが多い。

そういう経験を重ねた人ほど、入念に準備をする。新しい内容を盛り込むだけでなく、毎回工夫を取り入れて、自分自身が新鮮な気持ちを保てるようにする。コミュニケーションがうまい人ほど、「これさえやれば大丈夫」というようなハウツーを安直に信じない。

とくに、具体的な提案も考察もない場合に、人は強調や強い口調など口先の技術に頼る傾向がある。知識や教養のない教師が、生徒に対して「黙って言った通りやれ！」と権力的に振る舞うのと似ている。**熱意を伝えるには、状況の冷静な分析と評価こそ大事**なのだが、それができない人間が「熱い語り方」を売り物にする傾向がある。

【まとめ】

1　努力したことが、そのまま他人に伝わるわけではない
2　安直なハウツーを使うと、コミュニケーションは阻害される
3　状況を淡々と分析・評価することが、アピールにつながる

「市場の判断が注目されます」

誰が言っているの？系❶

キャスター「今回の日銀の政策について、どのように思われますか？」
コメンテーター「影響がどうなるか、市場の判断が注目されますね」
キャスター「日銀も今までいろいろ手を打ってきましたね。○○年には××しましたし……」
コメンテーター「あながち『無策』というわけではないですね」
キャスター「判断としては肯定的ですか、否定的ですか？」
コメンテーター「やはり、マーケットの動きを見ないと……今後に注目したいと思います」
キャスター「貴重なコメントでした（本当に？）」

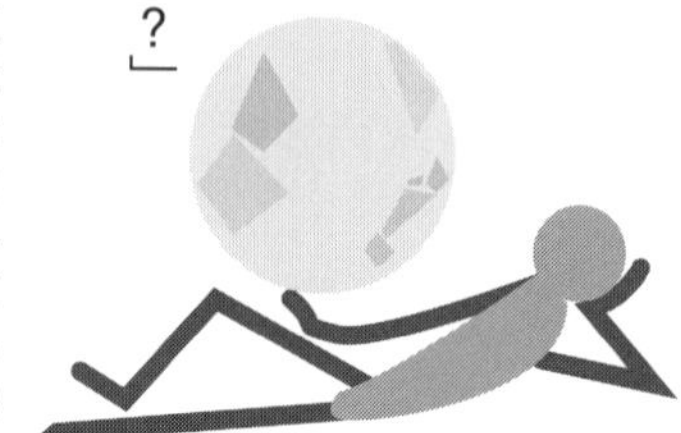

寝て待つか……

●市場の判断は「みながそう言っている」

「市場の判断」とは、第1章で扱った「みながそう言っている」の拡大版である。市場という誰かが価格を決めているわけではない。ただ需給バランスの結果でいくらになるかが決まる。だから、その結果がどうなるか固唾《かたず》を呑んで見守るしかない。**「市場の判断」と言っても、誰も判断はしていない**のである。したがって、これは意見・主張ではない。

もちろん、これはしかたがないとも言える。市場にはたくさんの人々が参加し、そこでは多様な判断がなされる。誰がどういう行動を取るのか、わかりにくい。予測に手間どっているうちに、結果のほうが出てきてしまう。それぐらいなら、見守っていたほうが早い。

さらに、**予測する人も市場の一部として巻き込まれている。**個人の予測・判断だけでも市場は動く。たとえば「株は２００円ほど下がる」という予測が出たら、人々がそれを目標に売り、株は２００円より下がるだろう。だが「予測は信用できない」と人々が思えば、逆に上がる。どういう流れになるか、正確には分析できない。だから、例の会話は、本当なら次のようになるはずだ。

キャスター「今回の日銀の政策について、どのように思われますか？」
コメンテーター「いやあ、全然わからないですね」
キャスター「Bさんの判断としては肯定的ですか、否定的ですか？」
コメンテーター「予想してもしかたがないですよ。市場は勝手に動くんだから」
キャスター「こんな番組も役に立つんですかね～」

コメンテーターがこんなことを言ったらクビになる。だから、もっともらしい表現を工夫する。「市場の判断に注目する私！」。瞬間的に自分が「市場」と一体化して、そのパワーと権威を手に入れる。何か言わないと収まらない状況が、こんな空疎な内容を許している。**知りたいという需要がある限り無意味な言語でも歓迎される。**

判断できない
⬇
市場に丸投げ
⬇
権威になる
⬇
無意味な言語

●どうしたらいいか？⬇ポイント・センテンスを確認する

論理的文章の表現訓練では、「**言いたいことを一文で、しかも冒頭で言え**」と教えられる。

これを、「ポイント・センテンスを立てる」と言う。細かい情報や根拠は後から続けてもわかる。まず自分の立場を明確にして、対立点・論点を明確にしようということだ。

ところが、これを応用して「では、あなたの意見はどうなのか？」と問うと、全力で言質を取られまいとするだろう。「やはり、マーケットの動きを見ないと……今後に注目したい」などと時間を稼ぐ。ポイント・センテンスをできるだけ隠して、内容のなさをごまかそうとするのだ。

こういう場合は、聞いているほうがポイント・センテンスが足りないと気がついて、いちいち指摘しないと無駄な時間が流れる。その意味で、ツッコミを入れる受け手の側でチェックする技量が必要になる。

【まとめ】

1 「市場の判断」では、誰も判断していない
2 言いたいことは一文で、しかも冒頭にまとめる
3 聞くほうがポイント・センテンスの有無をチェックする

「国民に納得のいく説明を」

誰が言っているの？系❷

政府関係者「TPPはメリットのほうが大きい。関税が撤廃され、自由貿易が盛んになって、日本製品がどんどん輸出できます！」

農業団体「海外の安い農産物が入ってきたら日本の農業は壊滅するぞ」

政府関係者「よい作物を作れば、外国市場で売れる可能性が広がります。現に中国では日本産のリンゴがおいしいと大評判です。国民の力を信じましょうよ」

農業団体「政府の政策でよくなったことがあったか？　もっと国民に納得のいく説明をしろ！」

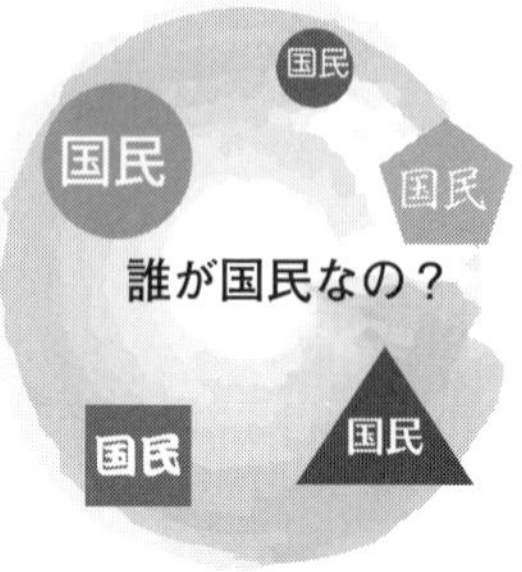

●「国民」って誰だ？

ここでは「国民」は二つの意味を取っている。農業団体が使う「国民」は「自分たち農家」のこと。政府関係者にとっての「国民」は、工業・サービス業従事者も入っているかもしれない。後者の「国民」のほうが、範囲が広いから「国民」の概念としては適切か？

そう簡単でもない。なぜなら「国民」なんて誰も見たことがないからだ。「国民」「市民」などと簡単に使うがそれらがどういう存在なのか、実はよくわからない。農家がどんな生活をしているか？　工業従事者はどうか？　漁民はどんな仕事をしているか？　公務員は楽か楽でないか？　みな、自分の都合のよいように、勝手に「国民」をイメージする。だから、農業団体も「国民」と言いながら、自分たちが納得のいく説明を求めているのである。

●国民はメディアの中にしかいない

国民は、本当はどこにいるのか？　実はメディアの中にしかいない、というのが人類学の結論だ。マスメディアが発達したおかげで、どんな辺鄙《へんぴ》なところのニュースも全国に広がる仕組みになった。自分が一度も行ったところのない場所でも、一度も会ったことのない人のことでも、ニュースで触れられれば「自分と関係があるもの」として感じられる。だから、「中国漁船が尖閣諸島で拿捕《だほ》」と流れれば、「日本の領土」を中国が侵《おか》したとみな憤慨する。そんなところには、一度も行ったことがなくても……。

これは「治安の悪化」のイメージが広がる仕組みと似ている。新聞が「外国人の犯罪」などを多く報じるから「治安が悪化している」とみなが信じたがる。しかし、「自分の身の周りで凶悪犯罪が起こりましたか？」と聞けば、ほとんどの人が「起こっていない」と答える。メディアは現実を映しているつもりだが、その像は歪んでいるのである。

結局、**「自分と関係している」と感覚する範囲は、メディアによって拡張されている**から、このような言葉が違和感なく使われるのである。日常的には確認できなくても、メディアが報じれば、そのイメージは日常に組み込まれ、自分に関係すると思い込む。同様に、メディアがさかんに「日本」や「日本人」に関係がありそうなニュースを流すと、実際以上に自分が「国民の一人」という感覚を持つことになる。

言葉の意味する範囲
⬇
自分の感覚
＝
メディアによる拡張

●どうしたらいいか？⬇メディアの言葉にツッコミを入れる

人間が直接触れられる範囲は狭い。それに対して、メディアの情報はさまざまな分野に進出し、インパクトは強い。だから、よほど**気をつけて言葉を吟味しないと、自分が誰なのか、その言葉で何を意味しているかわからなくなる。**

具体的に何なのか、実態はあるのか？　ツッコミを入れながらテレビや新聞を見たり読んだりする。こういう態度を「リテラシー」という。「国民が」と言われたときに「ああ、私もそうだ」と納得しないで、「いったい誰のことを言っているんだ？」とツッコミを入れる。でないと、いつのまにか、どこの誰だかわからない「国民」に言いくるめられかねない。

【まとめ】

1　言葉は、不明瞭な意味のままに使われることが少なくない
2　「国民」とはメディアによって作られた気分である
3　メディアで使われる常套表現には、いちいちツッコミを入れる

「地球にやさしく」

メカニズムを考えない系❶

A「我々は地球にやさしくしないと。自然に何も持ち込まない、何も持ち去らない」
B「なるべく人間の影響が及ばないようにしたほうがいいわけだね。自然との共生だね」
A「そういえば、アフリカでは現地の人が畑を作りすぎて、砂漠化が進行しているって」
B「じゃあ、畑をつぶさなきゃ」
A「そりゃアフリカの人がかわいそうだよ。食料が足りなくなっちゃうよ」
B「何で？　かわいそうなのは、人間より地球のほうじゃなかったの？」

やさしい私、やさしい地球

●論理を突き詰めて矛盾をあぶり出す

温暖化は人間の活動が原因で起こったそうだ。**問題が起こったときは、原因を突き止めて除去すればいい。**だとしたら、温暖化をストップするには、人間活動をやめるのが一番よい。つまり、「自然にやさしくする」には人間が全滅すればよいことになる。これは極論ではない。実際、環境ラディカリストと言われる人たちは、森林を守るために樹木に釘を打ちつけているらしい。木こりがチェーンソーを入れると刃が跳ね返って怪我をする。そうすれば森林伐採は止まるという論理だ。

もちろん、「人間活動」のあり方を変えればよいという穏便な意見もある。自然と共生する生活に変えよ、と。だが、現在「自然破壊」が問題になっている場所は、ニューヨークやロンドン、東京などではない。こういう大都市では「ビルを壊して自然を取り戻せ」とは誰も言わない。今さら自然と共生できないからだ。むしろ、アマゾンやスマトラの熱帯雨林やアフリカのサヘル地帯など、自然と人間が境を接しているところで、共生せよと言うのだ。

つまり「自然にやさしく」という思想は、利他的な表現のようで、実は自分のいる所は不問に付してほしい、という利己的な面があるのだ。「NIMBY = Not In My Back Yard（オレの裏庭でなければいい）」という言い方は、自分の家の裏庭でなければ、どこに廃棄物を捨ててもよい、という無関心を表わす言い方だが、自然保護の言説も同じ構造がある。自分の居場所は都会的で便利にしたい。でも、自然が残っているところはそのままにしてほしい。けっこう利己的なのである。

二酸化炭素が増えて、そのおかげで気温が上がって住みにくくなり、気候変動で農業ができなくなるのは、人類のほうである。「地球にやさしく」と言いつつ、その実、心配しているのは「人類の将来」なのだ。

実際、植物が青々と茂り、空気が清浄で、たくさんの動物と共生する。これは、ほとんど聖書のパラダイスだ。しかし、人類はその地球環境を利用して農業を続け、工業を発達させて生きてきた。**「地球にやさしく」することは、実はそういう人類の発展を続かせたいという願い**なのである。「地球にやさしく」ではなく、正しくは「人類（のために地球）にやさしく」なのだ。

心地よい言葉
⬇
その論理を極限まで推し進める
⬇
帰結も受け入れられるか？

●どうしたらいいか？⬇背理法を実践する

こんなふうに、耳に心地よい言葉の背後には、とんでもない帰結が隠れていることは少なくない。そのトンデモさを明らかにするには、**論理を極限まで進めていって、どんな結論が出てくるか、確かめてみる**必要がある。これを背理法（reductio ad absurdum　バカバカしさに落とし込む論法）という。「地球にやさしく」することを進めていくと「人類などいないほうがいい」という結論が出てくる。だが、それでは元も子もない。我々が幸せに暮らせるように「自然保護」はあるべきではないのか？　表面の心地よさに酔いしれる前に、帰結のバカバカしさを追求する。そこから、本当の思考がはじまるのだ。

【まとめ】

1　温暖化の原因が人間活動なら、人間はいないほうがよい？
2　地球が今のまま続くのを望むのは、むしろ人間たちである
3　心地よい言葉は、その帰結を追求して確かめる

「家族の絆」

メカニズムを考えない系❷

A「生活に困ったら、他人に頼る前にまず家族が助けなきゃ。家族の絆が大切だよ！」

B「でも、生活に困る人の家族って、やっぱり貧乏なんじゃない？　助けろと言われても簡単に助けられないよ」

A「家族なんだ。助け合うのは当然なんじゃない？」

B「その家族が助けられないから、困っているんじゃないの」

A「たしかに……」

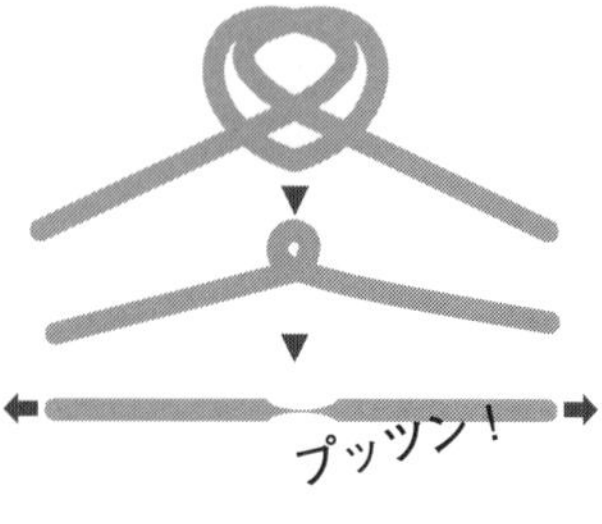

●理想と現実のバランスは？

理想は現実とは違う。当たり前のようだが、その真の意味がわかっている人は多くない。理想は完全に実現できないので、ごまかしながら何とかつじつまを合わせる。そのバランスを否定し、**現実を理想に合わせようとすると、かえって複雑な問題を引き起こす。**

たとえば、昔のソビエト連邦では、人間の諸問題は資本主義というメカニズムが引き起こす、自分たちの国は資本主義じゃないから、そういう問題はすべて消えたはずだ、精神病も我が国には存在しないと主張した。だが、やはり精神病にかかる人はいた。でも、表向きはそういう人は「いない」はずなので病院もない。そういう人々は強制収容所に入れられた。もちろん「ない」ものは治療もできない。虐待し放題で非人道的な状況だったという。

理想の現実化
↓
ごまかしが必要
↓
理想に現実を合わせる
↓
さらに大きな問題

●「家族の絆」の無理

「家族の絆」という標語も、このソ連の理想と現実に似ている。「家族が互いに助け合う」

のは尊いが、現実には難しい場合も少なくないからだ。生物学的に親子でも、社会的な意味で親子の義務が果たせるわけではない。人間が安心して生きるには、雨露をしのぐスペースと清潔な衣服と十分な食料が必要になる。そういう環境を備えるには、それなりの経済力が必要だ。とくに年齢の若い親はそれが乏しい。事態を解決するのは「親としての愛情」でも「家族の絆」でもない。むしろ、社会的な責任を果たす収入を得るために、具体的なスキルを身につけることだ。

介護も同じかもしれない。「家族の絆」だから、子どもが親の面倒を見るべきだと理想を押しつければ、負担が大きくなる。その結果、毎日の作業のつらさに心が荒れて虐待に走るなどという事件も過去にしばしば起こっている。実際、介護経験者の中には、互いに「憎み合わないためには金で解決するのが一番だ」という人さえ少なくない。ちょっと聞くと薄情なようだが、日々の苦労を具体的に想像してみれば、こういう言葉のほうがずっと現実的であることがわかるはずである。

●どうしたらいいか？⬇現実化できる範囲で提案する

なすべき理想は、実際にできることを意味しない。これを、やや難しい哲学用語で「当為《とうい》（べき）と現実（である）を混同してはならない」と言う。理想は簡単に実現できないから尊いので、それが気にくわないからといって、無理に理想に現実を合わせようとすると、結局、**現実に存在する事態を無視して、より大きい不正を生じさせる**。しかも、表面上、理想が実行されて、事態はうまくいっていると思われると、真の問題は闇に葬られて解決はさらに困難になる。

「家族の絆」という言葉は聞こえがいいが、それと家族を取り巻く問題の具体的な策とは別の話である。だから、理想を視野に入れつつも、それをやみくもに強行・強要しない。そういう慎重さを持たないで理想ばかりを主張する人は、世の中により大きな害毒をまき散らしかねない。

【まとめ】

1　現実問題は理想を主張することで解決はしない
2　現実を無理に理想に合わせると、かえって矛盾を生む
3　逆効果を予想して、現実的な提案をすべきである

「教育が悪い」

メカニズムを考えない系❸

A「この頃の若い奴は目上の者に対して口の利き方を知らない。これは教育が悪いと思うな。敬語の使い方とか、もっとちゃんと教えなきゃ」

B「そんなこと言っても、きみも入社当時はずいぶん生意気って言われたじゃないか」

A「そんなことないよ。ちゃんと敬語くらい使えるよ」

B「……てゆーか、タメ口でいいの？　オレのほうが入社一年早いんだけど。教育じゃなくて、自分の態度が悪いんだよ」

何でも巻き込む教育

●「教育の問題」ばかりにするのは安易な解決法

「問題をどう解決すればいいか？」という問いに対して「教育を変えろ」という意見は多い。しかし、教育に頼るのは解決法としては最低である。なぜなら、教育は手間がかかる割に効果を測りにくいからだ。人間は、教育されても簡単には変わらない。自分が学校にいたときのことを思い出せば、すぐにわかるはずだ。教師の指示はすぐ理解できたか？　授業で学習したことは、テストでも間違いなくできたか？

そんなことはないはずだ。何回練習してもなかなか身につかない。言われてもすぐ忘れてしまう。頭の柔らかい子どもでもそうなのだから、大人の研修などもっとそうだろう。意識も行動も簡単には変わらない。もちろん、これは人間のいい点でもある。教育して**すぐ変わるなら、教育はほとんど「洗脳」と変わりない。**

●対症療法としての解決策は上すべりする

役に立たない解決法は簡単に見分けられる。さまざまな場合に万能に使われているかどうかを見ればよい。「道徳がない」「言葉遣いが悪い」「教師が悪い」「政治が悪い」。こんなふうに、

どんな場合でも使い回しできる解決策はたいてい眉唾《まゆつば》ものだ。

なぜか？　解決法が個々の問題に対応していないからだ。解決策は、その問題固有のものである。ある原因が問題を形成している。だから、問題を解決するためには、原因が働かないように、その因果を断ち切ればよい。そうすれば、その結果は起きなくなる。だから、最初にすべきは、問題の原因を特定することだ。

原因A ⬇ 結果＝問題A

vs.

原因B ⬇ 結果＝問題B

たとえば、病気になるのは、何か原因があるはずだ。病原菌に感染したとか、臓器が弱っているとか。それぞれの病気は、**それぞれ違った原因があり、その原因を除去しなければ症状は変わらない。**コレラにかかって熱が出たので、熱冷ましを与えたからといって、治らない。どんな症状でも効く万能の薬などあるわけはない。

それなのに、なぜ社会の問題の多くを「教育が悪い」で片づけられるのか？　提案している人が、よく因果のメカニズムをわかっていないからだ。あるいは、考えるのが面倒くさいからだ。いずれにしろ、思考を怠けている。だから、とりあえず思いついた解決法で片づけたがる。「教育が悪い」はやぶ医者の処方の一つといえる。

●どうしたらいいか？⬇「教育が悪い」という無責任さ

「教育の必要」を唱えるだけでは、真の原因をおおい隠して問題を悪化させる。道徳が低下しているのは、今の「道徳」が時代の状況に合わないからかもしれない。言葉遣いが悪いのは従来の「美しい日本語」だけでは伝わらないからかもしれない。

原因を「教育」だけに押しつけていると、こういう問題には対処できない。逆に言えば「教育が悪い」と言いつのる人間は、手をこまねいて事態を悪化させかねない。

【まとめ】

1　「教育が悪い」は問題に対応していない解決法である
2　万能に使える解決策はたいてい役に立たない
3　「教育が悪い」は真の原因をおおい隠す

メカニズムを考えない系❹

「いじめられるほうにも問題がある」

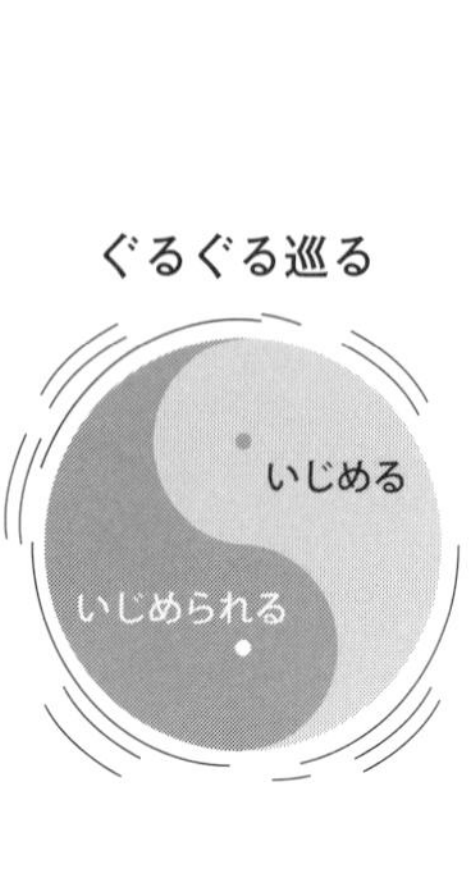

A「いじめについてどう思いますか？」

B「いじめられる側にも問題があると思うな。周囲となじめない人は仲間はずれにされるのは、大人でも同じだろう？」

A「え、人間関係が苦手な人はいじめられてもしかたないって言うの？」

B「そこまでは言っていないよ。だけど、やられたらやり返すぐらいの元気がない。だから、いじめられる」

A「やっぱり、それはいじめられるほうが悪いって言っているんだけど……」

●相対主義は世界を救わない

戦争や喧嘩が起きると必ず「どっちもどっち」という意見が出てくる。「アメリカもしようがないけれど、イラクもしようがない」。ゴタゴタと距離を置くためには便利な言い方だろう。ただ、これは当事者の表現ではないから、問題解決には役立たない。むしろ放置して、自然に解決するのを待っている表現なのである。だから、**身近な問題について「どっちもどっち」を使うと、責任逃れにしかならない**のである。

「いじめ」で問題が起こるときも、決まって「いじめられるほうにも問題がある」という意見が出てくる。「空気が読めない」「周囲となじめない」など、いじめられる側にも欠陥がある、だからいじめられるというのだ。

これを言い換えると、いじめがいけないのは対人関係が良好である場合に限られる、ということになる。したがって「空気が読めない」人間はいじめてもよいし、「周囲となじめない」人間も、「わかりが遅い」人間もいじめてもかまわない。逆に言えば、いじめられた側に人間関係の弱点が見つかりさえすれば、いじめは肯定される。たとえば「あいつはムカツク奴だからいじめた」。相対主義は、ほとんど「いじめっ子」の論理そのものだ。

対人関係に欠陥→《ならば》いじめられてもしかたない ＝ いじめはいけない→《ならば》対人関係が良好

●対抗せよという相対主義

「いじめられたら、いじめ返せ」という逆の意味の相対主義もよく言われる。現実はどうせ戦いなのだから、そのなかでサバイバルできるパワーをつけるべきだと。裏を返せば、いじめに耐えられない人間は淘汰されてかまわない、ということだ。しかし、これは学校や社会が「人間が人間にとってオオカミ」の無秩序状態になることを意味する。

力と力の直接対決の場では、徳目や社会秩序は必要なくなる。つまり、相対主義は、紛争や争いから身を離して客観的な立場に立とうとするあまり、かえって紛争や争いを積極的に肯定することになる。相対主義は、そもそも争いから距離を取るためのものだったはずが、むしろ今ある争いを激化させるのだ。「いじめられたら、いじめ返せ」とは、被害者も対抗して、徒党を組んでいじめっ子をいじめろ、とけしかけることだ。そんな戦略をとると、学校は殺伐とした場になるだろう。

●どうしたらいいか？➡相対主義は思考の怠け者

こういう戦略は典型的な万能型の解決策である。どんな場合にも適用できるから何の役にも立たない。こんなことしか思いつけない人は、現実の大変さを知らないままに「解決なんて簡単さ」とうそぶいているだけなのだ。

自分の狭い経験の範囲内で、その場限りの解決策を主張しても、たいていは事態を悪化させる。社会的な問題は、それなりの必然性があるから出現してきており、**誰でも簡単に思いつくようなやり方では解決できない。**いじめという困難な問題に対して「被害者も悪い」と簡単に片づける人は、なすべき考察をしていない怠け者である。

【まとめ】

1　相対主義は不都合な事態を放置し、正当化する
2　相対主義は、力と力の直接対決を肯定する
3　現実の問題の構造を知らないままに解決はできない

「どんな小さな徴候も見逃さない」

現実歪曲の決まり文句系❶

本当に見逃してない？

評論家　「どんな小さな徴候《ちょうこう》も見逃してはならない」

教師　「つまり、もしいじめが起こったら、教師が見逃したというわけですか？」

評論家　「教師は教育のプロなんだから、いじめをなくしたいと考えるのは当然でしょう？
それができないとあきらめていいのですか？」

教師　「これまで何千何万の教師が数十年も努力しているのになくならないんですよ」

評論家　「努力が足りないんです！」

教師　「まだ足りない？　何千何万の教師が数十年も……（以下、元に戻ってグルグル）」

●見当違いの努力？

問題を解決するには、まず「なぜ、その問題が起こったのか？」というメカニズムを解明しなければならない。そうでないと、見当違いの努力がなされたり、責任を問われるべきではない人が断罪されたり、という悲惨な事態が生ずる。

たとえば、「いじめの問題」では「どんな小さな徴候も見逃してはならない」とよく言われる。教師が「いじめ被害」に対して敏感に対処すべきだ、という意味だ。なるほど、熱心な取り組みは必要である。では、「見逃していないか？」と追及されるのは誰なのか？

社会学者の内藤朝雄は「学校の閉鎖空間が、特殊なきつい秩序を生み出し、それからはみ出る子どもがいじめの被害者になる」という理論を唱えている。もし、これが正しいなら、学校システムが原因なのだから、個人が気をつけるだけでは、いじめはなくならないはずだ。いくら対処しても、次の「いじめ」が発生するばかり。

この理論が正しいかどうか以前に「もっと教師が努力すれば……」ばかりが解決策として喧伝《けんでん》されると、システム不良の可能性に目が向かなくなる。結局、末端の責任ばかりが追及されて「いじめ」対策自体が「いじめ」と化してしまうことすら考えられる。

●システム不良か個人の責任か？

システム不良で起こる問題は、個人がいくら努力をしたところでよくならないし、無理に対処しても個人が犠牲になるばかりだ。たとえば、第二次世界大戦中の有名な日本軍の「インパール作戦」。失敗の原因は食料を現地調達しつつ、航空機の支援もなしに、徒歩で英領インドに進軍するという無謀な計画であった。結果として、日本軍は空からは敵機に攻撃されて散り散りになり、補給がないので兵士は餓死し、前線の司令官はやむなく撤退を決めた。そうすると、計画を立てた参謀は「敵前逃亡だ」と責任を追及して自決を迫った。**システムの欠陥は個人の責任に転嫁される**のである。

システム不良が原因 ➡ 改善が難しい ➡ 個人に責任を転嫁 ➡ 問題はますます悪化

●どうしたらいいか？➡まず問題のメカニズムを把握する

一度決定されたシステムは、なかなか訂正されない。「現場のやり方が悪かったのだ」と責任を押しつけて、全体が誤っていることを認めない。システムをチェックし直すより、個人の怠慢にしたほうが手続きが簡単だからだ。結局、現場の危機意識をあおり、ひたすら鼓舞することを「管理」だと認識するようなケースが出てくる。

いじめ問題も、もう30年も対策が叫ばれ、努力もなされているのに状況は変わっていない。一部の政治家は、教師が特別「怠慢な人々」の集団だからだと主張している。だが、そうだとしたら、そういう集団に教育を担当させた責任は誰にあるのか？　問題を個人の例外的欠陥に帰着させるやり方は、むしろ、根本的な問題を放置してしまう可能性が強い。

問題が起こったら、まずメカニズムを解明する。それなしで個人の責任を問うと、全体の士気は下がり、問題はさらに悪化する。**システムを不問に付して、あくまで個人の努力不足だけに問題を解消させる言い方は信用してはいけない。**

【まとめ】

1　システムの欠陥は、個人が努力しても解決しない
2　システムの欠陥より、個人の責任を追及したほうが当座の手間がかからない
3　個人の努力で問題を解消する方向は、とりあえず信用しないほうがよい

「キレる若者」

現実歪曲の決まり文句系❷

Ａ「この頃の若者は平気で親を殺す。キレる若者は何とかしなきゃならない」

Ｂ「でも、統計を見れば、少年の重大犯罪は一貫して減っていますよ。むしろ、若者は礼儀正しく、秩序を守るようになったように見えますが……」

Ａ「では、なぜ、あんなに若者の犯罪が多いんだ？　戦前生まれの私から見ると、異常だ」

Ｂ「マスコミが頻繁に取り上げるから多いと感じるんですよ。60年前には14歳が一家四人に農薬を飲ませて殺しても三面記事でした。その人たちは今の70代ですね」

Ａ「オレのほうがキレやすいって言うのか？　この野郎、ぶっ殺してやる！」

キラレすぎた若者？

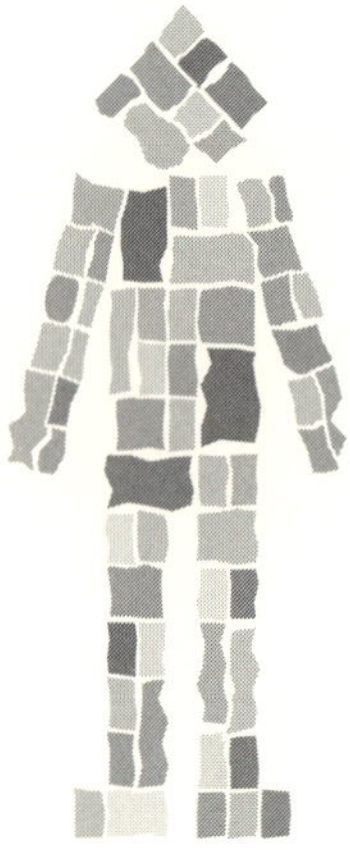

●キレやすい高齢者？

現実を正確に理解するには、誰が発言権を持っているか、にも注目しなければならない。なぜなら、**言葉が流通するかどうかは、その発信者・受信者がどういう層の人かで左右されるからだ。**たとえば、一時、若者の犯罪が起こると「キレる若者」という言葉がよく使われた。若者の考えていることはわからん、と言われて「ゲーム脳」だとか「他人を見下す若者たち」とかいう言葉が流行した。

だが、統計を見れば、「キレやすい若者」はたやすく否定される。有名なＨＰ「少年犯罪データベース」を見れば、ここ数十年、強盗・殺人・レイプ・傷害など、少年による「凶悪犯罪」は減り続けている。たとえば、殺人（10万人あたり）が一番多かったのは１９５０年前後。つまり、統計を見れば「キレやすい」のは、現代の若者ではなくて「当時の若者」、つまり現在70代以上の高齢者なのだ。

これは、最近の犯罪白書などで「高齢者の犯罪」が問題になっている事実を見ても裏づけられる。かつての「キレやすい」世代が高齢化して、世の中に適応しにくくなり、また犯罪に走っているのかもしれない。問題なのは若者世代より、むしろ若者世代を問題視する高齢者ないし大人世代なのである。

●発言する権力は誰にあるか？

なぜ事実に合わないことが喧伝されるのか？　社会で発言できるのが圧倒的に高齢者・大人世代だからである。マスコミの論調を決めるのは社会の舵《かじ》取り役、つまり大人だ。ＴＶのコメントも「識者」が選ばれる。やはり一定以上の年齢だ。たまに若者も混じるが、それも「年上世代」のウケがいい人が選ばれやすい。とすれば、社会悪の原因として若い世代を指し示し、自分たちを除外するのは当然だろう。要するに**「キレる若者」とは高齢者・大人の「心の闇」が生み出した幻想**なのだ。

高齢者が発言力を持つ
⬇
自分の責任を問わない
⬇
若者に責任転嫁
⬇
キレる若者

●どうしたらいいか？⬇ポジション・トークの構造に気をつける

こういう偏った発言は、高齢者に歓迎される。だから「若者はサルに退化している」などというトンデモ議論を、大学教授たちがまことしやかに主張するという珍現象も見られるのだ。実際、刑法の権威が「少年犯罪は増加している」などというデータにはずれた議論を、日本の代表的な大学出版部から上梓したという極端な例すらある。

こういう風潮に抗するには、統計などの客観的数字を持ち出して丁寧に反論していくほかない。しかし、こういう人たちは固定観念に染まっているので、数字を見せただけではへこたれない。何が何でも若者の犯罪が増えたと強弁する。先の刑法学者など、わざわざ統計の印象操作までしてみせた。学者としてどうかと思うが「その道の権威」なので、それで何となく通ってしまった。**言葉の流通は権力構造に影響される。**気をつけるべきなのは、むしろ、若者よりこうした権威と権力を持つ者の頑固な思い込みと自己肯定なのかもしれない。

【まとめ】

1　世論を決めるのは、発言する権力を握っている者だ
2　「キレる若者」とは、高齢者・大人の「心の闇」が生み出したイメージである
3　言葉が出てくる権力構造にも留意して、言葉の意味を吟味する

「限られた資源を有効に使う」

現実歪曲の決まり文句系❸

限られた発想？

A「限られた資源は有効に使わなくちゃ。将来世代のためにも、太陽光とか再生可能エネルギーを使うべきだよ」

B「ん？　その将来世代も、さらにその将来世代を考えたら、石油を使えないってこと？」

A「当然」

B「結局、石油は未来永劫《みらいえいごう》使えなくなるってこと？」

A「話の流れから言えば、そうなるよね？」

B「でも、使えるものを使わないでおくのは、無駄にしているんじゃないの？」

●資源はいったいいつまで持つのか？

この世には未来予測があふれている。しかし、そのほとんどは当たらない。たとえば、ここ数十年、環境問題では地球の危機が声高に叫ばれた。とくに１９７０年に出たローマ・クラブの報告書は危機感をあおった。「石油資源は後40年以内で枯渇する」というのだ。

40年近く前、私が大学にいた頃、経営学のゼミではこの報告に依拠して、未来社会を構想することが流行った。結論はどこでもたいてい同じ。資源の節約とエネルギー転換の必要性である。だが、それから約40年経ったが、相変わらず石油は採掘され続けていまだに「後40年で枯渇する」と言われている。

●現実認識を支える条件を吟味する

なぜ、こんなおかしな結果になったのか、資源の定義に戻ればすぐわかる。**技術が進化したために、使える資源の量が増大した**からだ。資源とは、人間が利用できる自然の材料のことだ。したがって、利用できる範囲が広がれば、当然「資源」量も増えるのだ。

石油は地下に埋まっている。40年前は、油田の自然噴出が終われば「掘り尽くされた」とされた。ところが、今は採掘する際に地上から水を注入して圧力をかける。だから、前に「掘り尽くされた」油田からも、まだ採掘できる。結局、掘る技術が変化したため、予想埋蔵量も変化し、「なくなる」までの期間も延長したのだ。だが、これから技術がどう変化するか？案外また40年経っても「石油は後40年で枯渇する」と言われるかもしれない。

「将来世代にエネルギー源を確保しなければならないから石油資源を使えない」という主張もバカげている。もしそうなら、その子孫だって、さらなる将来来世代のために石油を使えない。「さらなる将来世代」も同様に。「さらなる将来世代」の将来世代も同様……こうして、石油は使われないまま、未来永劫伝わっていく？

だが、**使える資源を使わないでおくのは無駄にしている**ことだ。資源は使えてこそ資源となるので、使わなければ資源にはならない。それに、エネルギーとして使う習慣がなくなれば、石油精製技術もガソリンエンジンも後世に伝わらない。将来世代が使うときに、その技術やインフラを復活する手間が必要になる。いったい、何が有効利用なのか？

●どうしたらいいか？➡現在の条件の変化を予想する

我々は「危機」と言われると「何かやらなければ」と意気込むのだが、危機予測は、現在の条件を所与として行なう。「現在の条件が変わらなければ……」という前提が必ず入り込むのだ。しかし、一番変わりやすいのは、その条件なのである。

将来の予測 ⬇ 現在の反映 ⬇ 技術発展で変化 ⬇ 予測が外れる

危機予測は自分の死後を夢見ることに似ている。「自分が死んだら、家族はどうなるか？」とあれこれ考えるけど、ほとんど心配はいらない。家族たちはそんな「私の死」を何とかやりすごし、生き続けていく。**私のいない世界には、私が考えもしなかった条件が出てくる。**未来に対する態度とは、そういう未来への希望にかけることであって、今の条件にとらわれて、悲観論を深めることではないのだ。

【まとめ】

1　技術が進化すると、使える資源の量が変わってくる
2　資源を未来永劫使えなくするのも、資源を無駄にする行為である
3　未来予測には、現在の条件が暗黙のうちに入っている

「機会の平等」

現実歪曲の決まり文句系❹

A「ビジネスには『機会の平等』がある。成功するチャンスはみなに開かれている。頑張った奴が勝つんだ。見当違いの努力でなければ成功するんだよ」

B「見当違いにならないためにはどうするんですか？」

A「それが簡単にわかったら誰も苦労しないよ」

B「だったら、努力してもまったく報われない人もたくさん出てきそうですね？」

A「ま、結局運なんだよな、人生は」

B「それ、最初の話と全然違うじゃありませんか？」

平等って何だろう？

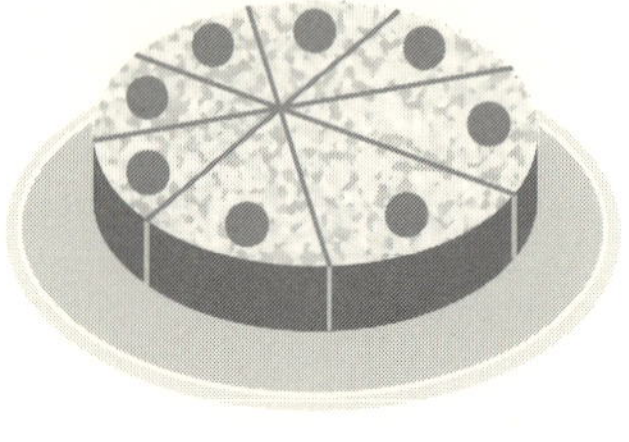

●レトリックを吟味する

レトリックとは「修辞」と訳される。相手の言い回しを逆用したり、奇妙な比喩を用いたり、表現に特殊なひっかかりを持たせて、相手の注意を惹きつける工夫である。それだけに、**気が利いたレトリックは人を惹きつける。**

「機会の平等」もその一つだ。これは経済学者フリードマンが「資本主義は不平等だ」という批判に対して、「資本主義にも平等はある。それは機会の平等だ」と言い返した表現によるものだ。社会主義では、誰が働いても同じ労働なら取り分が同じになるようにするから、一生懸命やってもやらなくても同じ。だから、誰も努力しない。それに対して、資本主義では、やった結果に応じて取り分が変わる。はじめはみな平等だが、結果が異なるので必死に働く。その結果、経済は活気づく、つまり、「資本主義では機会が平等だ」というのだ。

●生まれる環境は選べない

実に鮮やかな切り返しだったので、この言葉は多用され、資本主義肯定のキーワードとなった。社会主義国の崩壊もその正当化を後押しした。だが「機会の平等」は本当に平等だろうか？

なぜなら、人間の誕生は「宝くじ」を引くようなものだ、という考えもあるからだ。ある人は金持ちの家に、ある人は教育一家に、ある人は金も教育も乏しい家に生まれる。これは自分で決められないが、人生の可能性の大部分を決定する。たとえば、職業ピアニストになるには、好き嫌いとは別に、家にピアノがあって親が弾けて5歳程度から練習できる環境が絶対に必要だ。10歳をすぎて「ピアニストになりたい」と思って努力しても手遅れである。

親は自分で決められない
⬇
最初の可能性
⬇
機会があっても活かせない

それどころか、努力できるのも天から授かった才能かもしれない。**生まれる前のくじ引きの結果「努力する」才能を授かった人だけが努力できる。**実際、今まで筆者が見た「できる人間」は、みな努力をつらいと思わないようだった。むしろ、ゲームのように楽しんだり、憑《つ》かれたように追求したりする。だから、のめり込んで素晴らしい結果を出す。しかし、そういう努力の才能を持っていない人は、努力すらできない。

●どうしたらいいか？⬇不平等の背景を吟味する

元陸上選手の為末大《ためすえだい》は「アスリートとして成功するためには、アスリート向きの体に生まれたかどうかが99％重要なことだ」と発言して大きな非難を浴びた。たしかに、努力礼賛主義には都合の悪い言い方だが、トレーニングすると、すぐ筋肉を痛めてしまうヤワな体だったら、いくら努力が好きでも、続けることはできない。「成功は努力しだいだよ」といくら言われても、その努力自体ができない体だったら、何の意味もない。

当然「こんな身体や境遇に生まれついて、自分はなんて不幸だ」と不満をつのらせる人間も出てくる。そういう人たちを「機会は平等だったはずだ」というひと言で、納得させることは難しい。そもそも努力がなぜできるのか、機会がどうやって活かせるのか、という背景を考えないで、**洒落たレトリックに飛びついても問題は解消しない**。語り口の痛快さで溜飲《りゅういん》を下げるだけで満足していてはいけないのだ。

【まとめ】

1　レトリックの背景を理解すべき
2　人間として生まれることは、くじ引きをするようなものである
3　レトリックの痛快さは、問題の重さを軽減しない

第3章のポイント

マスコミやジャーナリズムでの発言は、メディアの都合で大きく変形・編集されている。矛盾があっても単純化して、表面的なレッテルを貼って片づけたがる。

- 視聴者・読者のレベルに合わせて、表現が決定される
- 同義反復、ポジション・トーク、曖昧なコメントが組み込まれている
- 無意味な力み表現でごまかし、パターン化された対策を提案する
- 陳腐なレッテルを使い回して、時間・空間を埋める

第4章

「自分の考え」を論理的に伝える技術

【考え方の処方箋】

❶ まず言葉を定義しよう
❷ 首尾一貫して考えよう
❸ 主張の正しさは根拠で示そう
❹ 論理とイメージを対応させよう
❺ 結論まで同一の内容にしよう

❶まず言葉を定義しよう

【考え方の処方箋】

・思い込みから自由になる
・首尾一貫した流れを作る
・問題と解決の形に整理する
・「である」と「べき」を混同しない

●雰囲気だけに頼らない

マジック・ワードに振り回されない第一歩は、言葉を定義することだ。言葉を雰囲気だけで使わない。「何となくこんな感じかな?」で納得したり話したりしないで「この意味はどうなるのか?」といちいち立ち止まらなければならない。

現代の言葉は、昔のように身の回りで用を足すだけの道具ではなくなっている。SNSなどのソーシャル・メディアによってパワーアップされて、社会全体に即座に伝搬する。

今までだったら、つながりようもなかった見知らぬ人々が、即座に反応してくる。その速度は刺激的なのだが、同時に、トラブルも増える。

雰囲気だけで使う

⬇

ソーシャル・メディアでの伝搬力

⬇

トラブル増大

どこから、どんな反応が返ってくるのかわからない。場合によっては、不用意に発した言葉に責任をとらざるを得なくなる。コメントする言葉も慎重にならざるを得ない。だから「……はいかがなものか？」などという歯切れの悪い批判の言葉が使われたりする。

●定義で言葉をコントロールする

こういう状況を適切にコントロールするには、まず「定義」、つまり**言葉の本質的な意味を確認することからはじめなければならない**。そうすれば、他の言葉との関係を確かめられ、どういうときに暴走しそうか、どういうときに正しく伝わりそうか、予想がつく。

たとえば「みな『きみがひどい奴だ』と言っているよ」と言われても、いちいちおびえることはない。「みな」とは誰と誰を指すのか、定義を尋ねればいい。数え上げてみれば、「みな……言っているよ」と言う当人以外いなかったりすることはよくある。

「常識で考えればわかるだろう？」なども同じだ。「常識」と言われて、「自分は非常識だったのか？」と責める必要はまったくない。たいていの場合は、その「常識」は「わかるだろう？」と迫っている人の頭の中以外には存在しないからだ。たとえば、「オレに話を通すのが常識だろう」と怒る人間は、無視されたことに腹を立てているだけだ。他の人に聞いたら、案外「あの人に話すと、かえって面倒くさいことになるからやめたほうがいいよ」と言うかもしれない。つまり、定義をハッキリしさえすれば、対抗措置がいろいろとれるのだ。

定義 ＝ 言葉の意味 ＋ 自分にとっての意義・評価 ➡ 行動への指針

●思い込みから自由になる

その際に気をつけねばならないのが、「隠された前提」や「明示されていない含意」である。**日常で使う用語には、暗黙の判断や意義づけが含まれる**場合が少なくない。それに無自覚だと、足をすくわれてしまう。

たとえば「一人ひとりができることをする」というおきまりのフレーズでは、「一人ひとり」がやった「よいこと」を合わせれば、全体として大きな「よい」結果を生む、という前提＝思い込みがある。「個人Aがやったことa」と、「個人Bがやったことb」が合わさると「a＋b」という結果になるというわけだ。

これをやや難しい用語で「線形性がある（リニア）」と言う。リニアモーターカーの「リニア」だが、現実の行為は、いつもリニアに結果が出てくるわけではない。ある行為を他の行為とつなげても、それが足し算の形にならず、互いに打ち消し合ってゼロになったり、互いの平均値に落ち着いたりすることもあるはずだ。

たとえば、上司が部下のミスを叱責するとき、30分怒るより1時間怒ったほうが、効果は大きくなるだろうか？ あるいは、部長が怒った後で、さらに課長が怒ると、ミスはより速やかに訂正されるだろうか？ ちょっと考えれば「一人ひとりがよいことをやったつもり」が妙な結果を招きかねないことがわかる。

●願望と事実を区別する

「家族の絆」にも、同様に「隠された前提」がある。「家族は素晴らしい人間関係である」がそれだ。しかし、家族が「素晴らしい人間関係であってほしい」のは当然の願いだが、現実には、さまざまな事情ですべての家族が必ずしも素晴らしい状態にはない。なぜなら「家族」は関係が密接であるだけに、愛情だけではなく憎悪も必然的に抱え込むからだ。

たとえば、自分の思い通りにならない子どもに腹を立てる背景には「おまえのためを思って言っているんだ」という「愛情」がある。これが他人なら、「他人なんてそんなものだ」とあきらめられるが、家族だと「一生懸命話せばわかってくれるはずだ」と思いやすい。一生懸命話してもわかってもらえない場合はどうなるか？　しばしば暴力になる。相手を傷つけながら「これはおまえのためなんだ！」と言い張る……。このように「家族の絆」が逆効果になることはいくらでもあるのだ。

それどころか、期待しすぎると「家族の絆」は簡単に壊れる。たとえば、子どもが借金をして「親だから、これくらいのお金は払ってくれるだろう」と尻ぬぐいを期待すると、関係は確実に悪くなる。金持ちなら何とも思わない金額でも、貧乏な家族ならいさかいがはじまるだろう。この場合、問題の本質はお金が足りないという経済的な問題であり、「家族の絆」ではない。感情に訴える前に、借金の算段をすることが取るべき行動なのである。

原因
経済力がない
↓
結果
問題が起きる
＝
×絆が足りない・○原因を取り除く

●「……である」と「……べき」は混同しない

だが、「家族の絆は素晴らしい」という思い込みにとらわれると、トラブルになったときに冷静に対処できない。それどころか「なぜ、うちの親（あるいは子どもは）こうなのか？」という恨みが重なり、事態はもっと混迷する。

事実と願望を混同する
↓
非現実的な解決に固執する
↓
問題はさらに紛糾する

「家族はよいものであってほしい」が、無条件に「家族がよい」とは限らない。「……べきだ」という前提を外して、現実を冷静に見れば、意外に違った発想が出てくるかもしれない。それを「……であるべきだ」という理想に固着するから、間違うのである。理想や願望ではなく、目の前の事実から考えはじめることが重要なのだ。

❷首尾一貫して考えよう

【考え方の処方箋】

・話題は必ず一貫させよう
・つなぎ言葉に注する
・問題に対して立場を明確にする
・問題の形は三つだけである

●話題は一貫させる

次に大切なのは、「話題の一貫性」だ。定義された言葉を使って、話をできる限り続ける。そうするうちに、新しいものごとと結びつく。最初の話題から、そこまでのつながりをつける。それが「論理的」や「ロジカル」の意味である。

「論理的」であるためには、気分に任せて、あちこちと話題を変えてはいけない。もちろん、これは「同じ内容を何度も繰り返す」という意味ではない。それはただ「くどい」だけだ。むしろ、一つの話題からはじまるが、聞いているうちに芋づる式に話がつながっていくのだ。「えーっ、こんなところにまで話がつながってくるわけ？」とびっくりする。その間に「考えていけば、こうなるはずだ」というつながりが見い出せなければならないのだ。

一つの話題
（こうなる）はず
↓
次の話題
（こうなる）はず
↓
次の話題……

●つなぎ言葉に注意する

一貫しているかどうかは、つなぎ言葉を見てチェックする。**論理的な接続詞には、「したがって」や「だから」がある。**「したがって」は、前の内容から自動的に次の内容が出てくる場合に用いられる。「だから」は、よく考えてみれば、前の文の内容から後の文の内容が必然的に出てくるときに使われる。論理的な話では、こういう芋づる式のつなぎ言葉がしばしば出現する。

反対に、**話が散漫になるときは「そして」「また」が連発される。**「そして」はボンヤリと前の内容と後の内容をつなぎ、「また」は前の内容に対して新しい内容をつけ加える。どちらも、前の内容から後の内容が必ず出てくる、という保証はない。

たとえば「雨が降った。そして私は出かけた」と言われても、雨が降ったことと出かけたことの関係はわからない。でも「雨が降った。だから私は出かけた」と言われれば、雨が降ることが「出かける」ことの原因になったのだな、とわかる。さらに「雨が降った。したがって、私は出かけざるを得なかった」となれば、雨と外出の関係はさらに強まるはずだ。しかし「そして」を連発されると、どういうつながりになっているのか、さっぱりわからない。

ちなみに、英語の論文作法でも「文頭にAndを使うな」は鉄則だ。Andを使うと論理構造が曖昧になって、何を言っているのかよくわからなくなる。同様に、日本語でも「そして」「また」が連発される話は、とりあえず「つながりが薄い話」なのである。

「そして」「また」が連発される
⬇
非論理的なストーリーと予想できる

●マジック・ワードは歌のサビに似ている

話題があちこち迷走する場合は、つながり不足を補うために、お約束のフレーズとして「常識だろう？」「相手の身になれ」など、うなずき系のマジック・ワードが使われやすい。つながりが薄い分、相手の賛同を頻繁に得なければ、先が続けられないからだ。
歌では「サビ」と言って、耳に入りやすいフレーズを繰り返す。そうすると感情が自然に盛り上がる。それと同じで、「主体性を持って取り組め」とか「リーダーシップの発揮」とか、たいして意味のない言葉でも、繰り返して使われれば、何となく素晴らしい内容を言われた気になってつい共感してしまう。どこかで聞いたような言葉があれこれ出てくる場合は、脈絡がない話の証拠なのである。

一つの話題 ⬇ おきまりフレーズ ⬇ そして ⬇ 次の話題 ⬇ おきまりフレーズ ⬇
そして ⬇ 次の話題

●問題に対して自らの立場を鮮明にする

日本では、道徳や意識はずいぶん自由になったようだが「もの言うと角が立つ」感覚は今でも変わらない。だから、経済予測番組なのに「市場の判断が注目されます」などとぼやかすし、新聞の社説も「もっと国民的に議論を盛り上げるべきだ」と曖昧な表現を使う。

しかし、そもそも「意見・主張を言う」とは、何らかの話題を選んで、自分の立場を鮮明にすることだ。いわば「角を立てる」ことである。そういう話題はたいてい「あれか？　これか？　どちらがいいのか？」と二者択一を迫る形になっている。すでに社会のあちこちで議論が盛り上がっているという状態なのだ。だから第1章で述べたように「議論を盛り上げるべきだ」と言っても、何かを言ったことにならない。逆に言うと、ちゃんとした意見や主張になっているかどうかは、みんなが議論している**問題に対して、自分なりの解答を提供しているかどうか、を確かめればいい。**

みんなが気にしている問題

↓

自分なりの意見・主張を述べる

＝

選択する

●問題の形は三つだけである

答えが複雑な場合は簡潔な形にしよう。「問題が何か？」に対して、「どう答えているか？」の二つだけを確認するのだ。問題は三つの形しかない。「……とは何か？」という疑問の形、「……と……のどちらを取るか？」の対立の形、「……のはずなのに、どうしてそうならないか？」の矛盾の形のどれかに整理できる。そうすれば、答えの形式も「……とは……である」

「……のほうが正しい」「なぜなら、……だからだ」と決まってくる。

だから、「……ではないだろうか？」と反問の形を取ったり、「きみはどう思うのか？」と答えを避けたり、さらには「～の思いをしっかり受け止める」と具体的な言及を避けたりする解答は怪しいと思わねばならない。こういう妙な答えは、何か言っているフリだけで、実は何も言っていないことが多いのだ。意見と感想の区別にも気をつけたい。たとえば「消費税を引き上げるかどうか？」について、「悩ましい問題である」と述べても、意見・主張にはなっていない。自分の選択を明示しないで「悩ましい」という感情を吐露しても、意見になってはいないのだ。

【問題と対応する解決の形】

……とは何か？
↓
……とは…である

……と……のどちらが正しいか？
↓
……のほうが正しい

……となるはずなのに、どうしてそうならないか？
↓
なぜなら、…だからだ

❸主張の正しさは根拠で示そう

【考え方の処方箋】

・根拠の妥当性を調べる
・理由を出して説明する
・言い換えのチェーンを見る
・マジック・ワードは論理展開できない

●意見は正答ではない

「十分な情報がないので断言できない」という人は少なくない。しかし、意見・主張は「正しい答え」を述べることではない。実際、数学の教師は生徒に、「このy＝f(x)の方程式の答えは何か？　きみの意見を言いなさい」とは言わないだろう。「この方程式の答えは何か？正解（正答）は何か？」と問うはずだ。ここからわかるのは、**意見や主張は正解や正答とは異なる**ということだ。

では、意見は「間違った答え」、つまり誤答なのか？　もちろん違う。**意見は「まだ正しいかどうかがわからない答え」**なのだ。数学の答えなら、生徒はわからなくても、教師は正答を知っている。だが「原発を再稼働すべきか？」という問いに対しては、誰も現時点では正答を知らない。専門家ですら正しい答えは期待できない。だから「悩ましい」のである。

●正しさは根拠で勝負する

ならば、意見は「人それぞれ」なのだろうか？　つまり、誰が何を言っても、その優劣は決められないから、誰が「何を言っても同じ」なのか？　それも変だ。意見の優劣はある程度決めることができる。

なぜなら、根拠を比べれば、どちらの主張がすぐれているか、すぐにわかるからである。根拠とは「なぜ、この答えが正しいと言えるのか？」という材料のことだ。「原発を再稼働してはいけない」と主張をしたら「なぜなら……からだ」とすぐ続ける。これが根拠のはじまりだ。この**根拠がしっかりしているほうが信頼できる意見・主張**なのだ。意見・主張をわからせるとは、いわば、その信用・信頼を得る競争なのである。

たとえば「原発は再稼働しないほうがいい。なぜなら、危険だからだ」。こう「私」が言えば「なるほど」と聞いている人の中でうなずく人が何人か出てくるかもしれない。それは、自分の意見・主張が受け入れられはじめた証拠でもある。

意見・主張＝信用・信頼を得る競争をする

逆に、この段階でうなずいていない人はまだ納得していない。納得していないのは、疑問が晴れていないからだ。たとえば「危険なものならすべて止めていいのか？」。自動車事故で亡くなる人は年間４４００人ほどだ。それに対して、原発が原因で亡くなった人は公式的にはゼロである。「原発を再稼働させるな」と言うなら、なぜ、もっと死亡者が多い自動車に乗るなと言わないのか？

政府が隠しているという陰謀説をとる人もいるかもしれない。それでも４４００人もの死亡者がいたら、すべてを隠し通すことは難しいはずだ。総合的に考えれば、原発が原因で亡くなった人がいたとしても、その規模は自動車事故で亡くなる人の数よりずっと少なそうだ。だから、自動車事故での死亡者のほうが圧倒的に多い、という判断は揺るがない。では、なぜ自動車ではなく原発を止めるのか？

●説明すれば根拠は充実する

この疑問は、理由をさらに説明することで解消できる。原発事故と自動車事故は危険の種類が違う。たとえば、自動車事故の犠牲者は車に乗っていた人、あるいは、はねられた人など、たいてい限られている。たしかに亡くなった方には気の毒だが、時間を追って犠牲者が増えるわけではない。また、事故現場の周囲30キロメートルが立ち入り禁止になって人が住めなくなることもないし、周辺産業が風評被害で立ちゆかなくなることもない。

つまり、年間を通せば交通事故で亡くなる人数は多いが、一つひとつは独立していて連鎖的に被害が大きくなるわけではない。だが、原発事故はその反対で、一つ事故が起こると次々に被害は広がる。だから、単に「亡くなった人数」という数値だけで比べるわけにはいかない、などと説明できる。こういうふうに、聞いている人の疑問に応えていけば、自分の意見にうなずく人はさらに増える。「二度とこのようなことが繰り返されてはならない」「……いかがなものか？」などの曖昧な言い方に頼る必要はないのである。

理由を述べる ＋ 詳しく説明する ＝ 同調する人が増える

●論理展開とは「言い換え」である

はじめに述べた「理由を言い換えて、しだいに同調者を増やすこと」を「論理展開」と言う。意見・主張を聞いたり読んだりするときは、これができているかどうか、チェックできなければならない。

「論理展開」は難しくない。**最初に述べた理由を詳しくわかりやすく言い換えていき、自分の言いたい結論につなげる**だけだからだ。つまり「それはどういうことなのか？」「どのくらいの規模なのか？」「どうしてそうなったのか？」などの疑問に、ていねいに答えていけば論理展開はできる。

たとえば、原発の話なら、まず「どう危険なのか？」に対して、人間の死や病気を引き起こす、周囲の地域・生態系が広大に汚染される、経済的にも多大な損害が予想される、などを挙げる。これらの被害は、時間とともに拡大する。したがって、いったん起こったら取り返しがつかなくなる。地震が起これば、この被害は簡単に引き起こされる。だから、我々は常に危険と隣合わせである……こんなことを次々と述べていけば、「再稼働はヤバイ」という反応を引き出せるだろう。

【言い換えの連鎖】

危険
⬇
病気・汚染・損害
⬇
被害の拡大
⬇
取り返しがつかない
＋
再稼働はヤバイ

●言い換えのチェーンを作ろう

自分と相手は考え方が違う。だから、自分の主張に納得しないのも当然だ。だから、そこに理屈の架け橋を作って、否応なしに自分の主張にまで連れていくのである。

条件から結論までの「言い換えの架け橋」

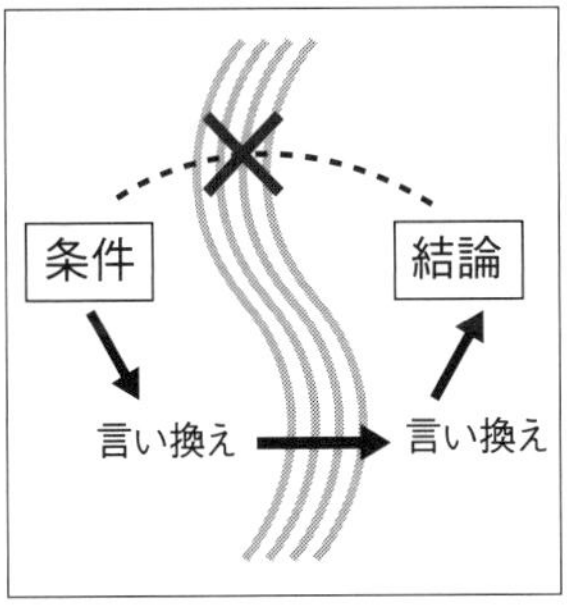

まず「危険だ」という基礎を作って、それを、人間、環境、経済の危険に分解し、それぞ

れが多大な損害を引き起こすことを示し、「再稼働してはいけない」という文言までつなげてみせる。それができていれば、相手が最初の「危険だ」に賛同すると、後は、自動的にその言い換えの橋を渡って向こう岸にたどり着くという仕掛けになっているのだ。

●マジック・ワードは論理展開できない

残念ながら、マジック・ワードは、こういう論理展開ができない。たとえば、前述した「どんな小さな徴候も見逃さない」の言い換えをしても「いじめをストップする」という目的にまではたどり着かない。

本来、「どんな小さな徴候も見逃さない」の意図したプロセスは、次のような展開だろう。

どんな小さな徴候も見逃さない
↓
いじめが小さいうちに的確に対処
↓
大事になる前の予防

だが、現実として「小さな徴候」のうちに「いじめ」を処理しようとすると、まず、目撃者の証言を集めなければならない。いじめがあったという心証を得たら、当事者を追及する。そこで実態が明らかになったら、親を呼びつけて加害者の責任を問うという順番になる。しかし、被害者も含めて、当事者はなるべく事実を隠そうとする。ましてや、加害者の親は全力で否定するはずだ。慎重に進めないと、「いじめ」の存在を認めさせるどころか、「名誉毀損」で謝罪させられるかもしれない。ためらっているうちに事件が起こり、対処を迫られる。つまり、取り返しのつかない事態になって、はじめて手が打てるのだ。

このような予想を論理的に展開すれば、事態がどうなるかを、あらかじめシミュレーションできる。次のようになるはずだ。

生徒は事実を隠す
↓
証言・証拠が得にくい
↓
親からの抗議
↓
危機にならないと対処できない

「どんな小さな徴候も見逃さない」から「いじめの予防」にまで、理屈がつながっていないことがわかる。もちろん、前段落で書いたように、「取り返しのつかない事態」が起こると状況は一変する。たとえば次のように。

起こったことは隠せない
↓
証言・証拠が出る
↓
親も抗議できない
↓
何らかの対処

ただし、これは対処につながりはするものの、いじめの被害による事件が発生した後なので、時すでに遅し。結局、「どんな小さな徴候も見逃さない」は机上の空論なのである。

❹論理とイメージを対応させよう

【考え方の処方箋】

・具体例やデータを確認する
・論と例の対応をチェックする
・インパクトだけにごまかされない
・誇張や編集をチェックする

●イメージがないと人は動かない

もちろん人間は理屈だけでは動かない。「論理展開」だけだと「結局、ただの理屈じゃないか」と言われてしまう。「なるほど」と腑に落ちるには、もっと、「感覚や感情に直接訴えかける材料＝イメージ」が必要だ。例示やデータは、そういう役目を果たす。

場合によっては、言葉の真偽はデータを調べるだけでも明らかにできる。たとえば「少年犯罪の凶悪化」は、警察庁のデータ・ベースや犯罪白書を参照すれば否定できる。「凶悪犯罪」

の「検挙件数」が急増していれば、凶悪化していると判断できる。たとえば、「レイプ」は昭和33年(１９５８年)に一番多くて、現在では当時の25分の1ほどになっている。もちろん、昭和33年がピークになったのは、二人以上の共謀によるレイプが非親告罪になるという制度の変化があったからで、それ以前はもっと多かったらしい。殺人も、ここ数十年ほど急減している。戦争直後から現在までの間に、日本の警察力が25分の1以下に弱体化したとは思えないから、「少年犯罪の凶悪化」は嘘か間違いだとわかる。

少年によるレイプの現象
(「少年犯罪データベース」より)

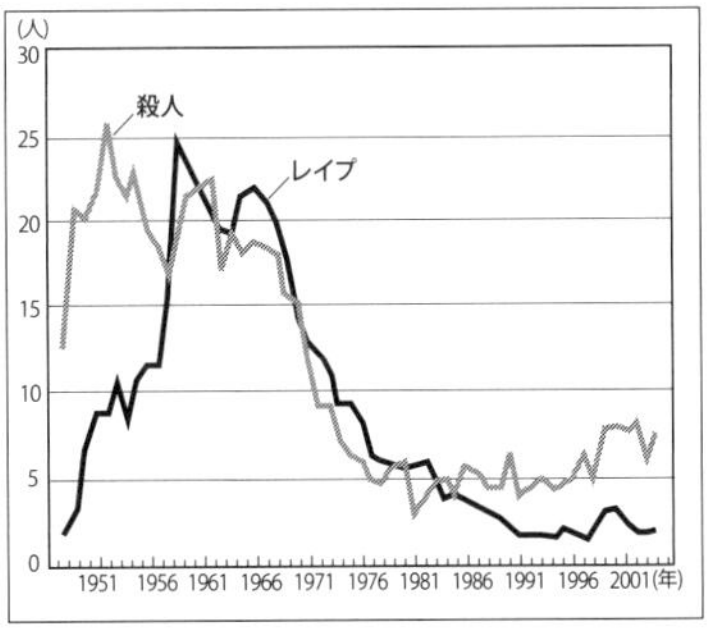

●データを調べてから主張する

現代のような情報社会では、ちょっと手間をかければ、さまざまなデータに直接当たることができる。もちろん、その中には若干怪しいものもあるが、多少時間をかければ、より信頼できるデータを探し出せる。だから、データとの照合作業をしていない人は「怠慢」と言われてもしかたないのだが、それでも情報に基づかないで偏った意見を言い続ける人はいる。たとえば、一部の政治家はいまだに「少年犯罪の凶悪化」とか「キレる若者」を公言し続けている。いくらデータとともに指摘しても、言動は正されない。それどころか「データはそうかもしれないけれど、少年犯罪はやはり凶悪化している」と言ったり、「実感として凶悪化していないなんてことがありますか？」などと反問したり……。こういう人は、厚顔無恥《こうがんむち》なのか、意識的に詐欺をしているか、いずれかだと判断してよい。こういういい加減なもの言いが許されているのは、聞き手の側のチェックも緩《ゆる》いからだ。言葉をきちんとチェックをしないで、自分の信じたいことしか聞かないのなら、どんなデマでもたやすく拡散するだろう。

●論理と例示の一致

つまり、「理屈」は理性に働きかけ、「データ・例示」はイメージとなって感覚に訴えかける。としたら、この二つを協力させれば、聞き手を心から納得させられるはずだ。そのためには、論理展開の部分と、**データ・例示の部分は一対一に対応しなくてはならない**。

たとえば、原発の「危険」は、理屈で説明するには、「時間が経つにつれて犠牲者が増える」「周囲の人間・環境が大きな影響を受ける」「周辺の産業も被害を受ける」と三つの内容で表わされる。だが、これだけではピンとこない。だから、例示・データをつけ加えて説得力を高めるという方法がとられる。これを「論と例の一致」と言う。

実際、チェルノブイリの事故では、事故直後に死亡したのは31人だが、その後の世界保健機構（ＷＨＯ）の推計で９千人死亡とされ、15歳未満の子どものガン発生数は４倍から５倍に増えたと発表されている。周囲30キロメートルの地域からは11万6千人が強制避難させられ、放射性物質による汚染が高い「ホットスポット」と呼ばれる地域では、農業の無期限停止措置がとられた。このような具体的数値を見れば、より「危険」が切迫して感じられるだろう。

論理	例示・データ
1 時間が経つと犠牲者が増える	1 直後に死亡したのは31人＋推計9千人の死者＋15歳未満の子どものガン発生数が4～5倍に増加
2 周囲の人間・環境が大きな影響を受ける	2 囲周30キロメートルの地域からは11万6千人が強制避難
3 周辺の産業も被害を受ける	3 ホットスポット地域では、農業の無期限停止措置

大切なのは、論理と例示・データの内容が「一対一に対応」していることだ。つまり、論理の部分にある内容は、例示・データにある内容とまったく同じであり、ただ数値・説明・描写などが詳しいだけなのだ。つまり、論理と例示・データは互いに補完し合って、「原発はこれほど危ない」という同一のメッセージを発している。ただ、その方法が違っているだけなのだ。この世には、ロジックが得意な人もイメージで判断する人もいるのだから、それに応じて方法も変わってくるのである。

論理の内容 ＝ 例示・データの内容

●対応をチェックするスキルをつけよう

逆に言えば、こういう「論と例の一致」を確かめれば、おかしな意見をチェックすることができる。たとえば、前述したように、就職で求められる人材のスペックとは「情報メディアを操れて英語堪能。世界中の人と付き合えるスキルがある。流行には敏感だが流されない。困難には果敢にチャレンジする一方、他人を察して引くこともできる。基礎学力は高く、受験に成功しているが、それに固執していない人」だそうだ。

だが、具体的に考えてみれば、これらの要求は互いに矛盾する。実際、「流行に敏感」な人は、流行を常に気にして「流される」し、「受験に成功している」人は、それなりにプライドを持つ。「情報メディアを操る力」は、「英語が堪能」になるための単調な訓練とは両立しにくいし、単調な訓練に熱中できる人は当意即妙な人づき合いも「他人を察する」のも苦手だろう。つまり、こんな「スペック」を全部兼ね備えた「人材」など存在しないのだ。

これは理屈を考えてもすぐわかる。あるスキルの獲得は別のスキルの断念の上に成り立っているからだ。一生の時間がある程度定まり、1日が24時間で構成されているのだから、あることを学習すると別なものが学習できない。だから、一つの美点は、他の欠点に通じるのである。

理屈として可能 ≠ 現実として可能

このように、実際に可能かどうかは、まず、理屈に矛盾がないか確認するとともに、それを現実化した場合に、はたしてデータと合うかどうか、逆にデータからわかったことを理屈で展開できるかどうか、突き合わせてみれば判断できる。そういう確認作業をしておけば、ありもしないイメージに合わせて努力する、などというバカげたことをしなくて済むのだ。

●例示は編集を疑え!

もちろん、具体例だけで安心してはいけない。編集行為も疑わねばならないからだ。例示やデータは、メッセージを効果的に伝えられるための材料だ。だから、目的によって変形もされる。たとえば、著名人の成功のエピソードは「ほんの偶然」からはじまったという感じを際立たせる。なぜなら、それを読んだり聞いたりした人が「これなら自分でもできる」と思わなければ、意味がないからだ。「こんな努力は自分には絶対できない」と絶望させるわけにはいかない。だから「こんなダメな私でもできました」という流れになるように、細部が整理・調整される。

それでなくても、目の前で起こったことを言語化するのは難しい。音楽評論家の吉田秀和は、音楽評論を書く修業として、相撲の取り組みの模様を短文でまとめる訓練をしたという。すべてのアクションに言及したら散漫になる。だから、どれかを取り上げ、どれかを省略して、リズムや通りをよくしようとする。だが、その結果として、イメージが現実から大きくずれてしまうことも少なくないのだ。

現実を言葉化する
↓
描写の取捨選択
↓
現実からのズレ

したがって、具体的なイメージには、とくに注意して、誇張されたストーリーになっていないかどうか、確かめなければならない。少なくとも、前にきちんとした理屈が書かれているか、その理屈とイメージがちゃんと対応しているか、世に出回っているデータと照応して確認しておけば、見かけの強烈さや巧みさでだまされなくて済むのだ。

❺結論まで同一の内容にしよう

【考え方の処方箋】

・結論までの流れはすべて同じ内容である
・意見が変わったら根拠も変わる
・人格ではなく、根拠の批判をする
・真のコミュニケーション力は対話力である

●結論まで同じ内容が一貫しているか?

「結論」では、はじめに述べた解決、つまり意見・主張をもう一度最後で繰り返す。「論と例は一致する」と言ったが、もちろん、解決と結論も一致する。根拠も、意見・主張が正しいことを保証する材料なのだから、メッセージは同じ。結局、**意見も根拠も結論も、全部同じ内容を延べている**と考えてよい。

つまり、何かの意見を言うことは、同じメッセージを何度も「手を変え品を変え」しながら、繰り返すことなのである。**まず、言いたいこと、つまり問題への解決策を簡潔に述べる。これが「意見・主張」。次に、なぜそれが正しいか理由を述べ、詳しくかみ砕いて説明する。さらに、例示・データでイメージづける。最後に、自分の言いたかったことを短く繰り返して結論にする。**だから、どの段階でも、すべて同じ内容になるべきだし、そうでなければおかしいのである。

【首尾一貫する全体構造】

主張 ＝ 理由・説明 ＝ 例示・データ ＝ 結論

●前後が同じメッセージになっているか？

逆に言うと、いい加減な話は、しばしば話のつじつまが合わなかったり、途中で別な話にずれたり、わざと言葉が濁されたりする。たとえば「顧客のため」と言いながら、そこに「自分のため」が入り込んできたり、「主体性を持ってやれ」と言いながら、部下の自主的な判断を認めなかったり、最初と途中、最後が一致しない。

もちろん、意見の変化自体が悪いわけではない。「前はこう思っていたが、今は考えが変わった」としたら、むしろ認識・理解が時間とともに深まったとも考えられる。だが、内容が変わったのなら、新しい理屈が必要になるはずだ。「こういう理由で私は考えを変えた」という根拠があるかどうか、確認が必要になる。

【サポートの仕方】

意見・主張 ⬆ 理屈・データ

このように、意見・主張と理屈・データの対応を検討する癖をつけておけば、口あたりのいい言葉には簡単にだまされなくなる。「ウィン・ウィン」などという明るい響きや「意識改革」などの勇ましさだけでは心を動かされない。簡単な作業なのだから、面倒くさがらずにやるべきだ。そういう経験を重ねれば、理屈を現実化したらどうなるか、想像力や予測力もついてくる。そうすれば、見通しの甘さもなくなるはずだ。

●人格ではなく、根拠を攻撃する

言い換えれば、これは批判力をつけることでもある。「批判」というと、「性格が悪い」とか「頭がおかしい」という人格批判になりやすい。しかし、「私の意見に賛成しないのは、おまえの性格が悪いからだ」と言っても反発されるばかりだ。**批判は、相手の人格と切り離して行なわなければならない。**

批判するには、相手の「信頼の構造」を崩せばいい。自分と違った意見の持ち主にも、それをサポートしている根拠がある。だから、その根拠が成り立たない、と示すことができれば、相手は自分の意見を信頼する気持ちをなくすはずだ。つまり、批判では、相手の反対意見の根拠を崩せばいいのである。

実際、「原発の再稼働は必要だ」と信じる人も、原発教という宗教を信じているわけではない。合理的に判断して「原発がなければ日本はやっていけない」「原発の出すエネルギーは日本に不可欠だ」と考えているのだ。根拠は「日本には石油などのエネルギー源がないから、原発に頼るしかない」などであろう。

こういう理屈を崩すにはどうしたらいいか？　「もっと安全なエネルギー源」、たとえば太陽光発電とか風力発電とかがあると示せば、「原発に頼るしかない」という主張を崩せるはずだ。もちろん、それに対しても「効率が悪い」と反批判してくるだろうから、「効率のよさ」とか「ドイツではすでに普及している」とか例示・データを挙げて、また批判する……こういうやりとりのなかで、互いの妥当性も見えてくる。そういう辛抱強いやりとりに耐えて、結論を共有する努力が「コミュニケーション能力」なのであって「雑談ができる能力」だとか「相手を怒らせない笑顔」ではないのだ。

批判 ＝ 相手の主張の根拠を崩す
⬇
反批判
⬇
互いの妥当性が見える

●真のコミュニケーション能力をつけよう

よく誤解されるが、言葉で大切なのは「自己表現」や「個性の発揮」ではない。むしろ、他人と対話することだ。自分の考えを言った後、周囲の人がどう疑問を持つか予想し、それに理由・説明・例示しながら答えていく。さらには、反対意見の拠って立つ根拠を崩す。他人の立場やツッコミを考慮しつつ、自分の意見・主張を固めていく。**これは自分の中に「バーチャルな他人」を住まわせておく**ことである。その対話のプロセスのなかで、自分の意見・主張に磨きをかけ、より「説得力が強い」ものに洗練させていくのである。

漫才では、ボケが言ったことにツッコミが疑問を差し挟む。「なんで、そんなことが言えるんじゃや、ボケッ！」と。それに対してボケが答えを返す。ツッコミがさらに激しく迫る、ボケも負けずに言い返す。反対者を前に自分の意見を主張する状況は、漫才と同様だ。相手がどう難癖をつけてくるか予想し、慌てないで対応を考えておく。さらに意地悪な反対者がどう言ってくるか考え抜き、それに負けないように準備する。

これは、ほとんどロール・プレイングだ。相手がどうするか予想してこちらが繰り出す技に、相手がさらにどう反応するかも予想する。それだけでなく、相手も自分の対応を読んでいることを予想する。その予想すら、すぐれた相手は読んでいるかもしれない。そこでまた……こういうことを繰り返していけば、一段と高いレベルに到達できる。

相手のシミュレーション
↓
自分を高める
↓
現実の相手と対決

口角泡を立てて主張するだけが議論ではない。むしろ、現実の相手と対話する前に十分に準備する。くだらないごまかしに気づかなかったり、ホラ話にだまされたり、首尾一貫しない話に煙に巻かれたりせず、高いレベルで相手と意見のやりとりをする。そういう充実した勝負をするつもりなら、くだらない言葉を一刀両断に切り捨てられる力と技術も必要だ。マジック・ワードを素早く見抜く力は、そのためのものなのである。

第5章　反面教師で学ぶ「マジック・ワード」を使ってしまう人の頭の中

【傾向と症状】

❶直感を信じすぎる人々
❷いつも正しいことを言いたがる人々
❸そして何も考えなくなった人々

❶直感を信じすぎる人々

【傾向と症状】

・自分の「感じ」だけを重視する
・雰囲気・イメージだけで根拠がない
・感情をかき立ててごまかす
・ひとりよがりで他人を思いやらない
・一貫性がなく、ポジション・トークをする

●直感は説明なしに伝わるか？

マジック・ワードを使いたがる人々は、たいてい直感主義者だ。直感とは、介在物なしに直《じか》に感じるという意味だ。たとえば「この花はキレイだ」と私が感じたとしよう。もしかすると、他人は「派手すぎる」とか「ケバイ」とか感じるかもしれない。しかし、他ならぬ「私」が、何の干渉も介在もなしに「キレイ」と感じたのだから、他人が何と言おうと関係はない。

素直に「キレイ」と感じていていい。

強く感じていれば、人に伝えるのも簡単だ。いちいち説明せず「キレイ」と言えばそれで伝わる。わからなかったら「キレイ！」と叫ぶ。叫んでもダメだったら「超キレイ！」と強める。もちろん、「どこがキレイなの？」と問われても、「ぜんぶ！」と答える。「キレイ！」は全体の印象なのだから、細切れにするとわからなくなるからだ。

「感動」は心から心へと直に伝わる。いちいち問いかけやツッコミに反応して説明を加えたりしたら、かえってゆがむ。だから、感覚や感情をそのままぶつけろ。言葉なんか工夫するな！　叫べ！　吠えろ！　跳べ！　……何だか、どこかのロック・ミュージシャンが言いそうな言葉になってきた。

●素直な表現は伝わるか？

ただ、ミュージシャンはそう言いながらも、そういう「一体化」の瞬間をつくるべく、骨身を削って工夫している。心に響く詞や曲を作る。パワフルに演奏する。奇抜な服や髪型で目を引く。格好よくダンスをする。カラフルなライトをあてる。花火を打ち上げる。そんな派手な演出のなかで、興奮と一体感が醸成される。ステージに上がれば「自然に」一体感が出てくるというほど簡単なものではない。

本来は、言葉も同じことだろう。叫んで吠えるだけでは、その人が、何にどのように感じているのかよくわからない。「以心伝心」と言うが、「自分の感じ」は他人にはそのまま伝わらない。言葉にしても動作にしても、**相手に何らかの形で感じられるような形に置き換えなければならない**のだ。

●自分と他人では、言葉はずれる

同じ言葉を使うだけでも、同じ感覚が伝わるとは限らない。なぜなら、経験が人により違っているからだ。たとえば「サクラがキレイ！」と言ったとしても、文化圏が違うと「サクラ」にまつわる経験が違い、「キレイ」という言葉の位置づけや評価も違う。逆に、違う言葉の中に同じ「感じ」が意味されていることもあるかもしれない。ある人は「木蓮《もくれん》」の中に、他の人の感じる「サクラ」と似たような感覚を覚えるかもしれない。だとしたら、それをどうやって他の人に伝えるか？　いろいろ工夫しなければならないのは明らかだろう。

同じ言葉 ≠ 同じ感覚

言葉は、最初は親から習い、次は友だちや知人から覚え、さらにはTVやネットでの用法に触れる。覚えた言葉を、目の前のものにあてはめて使ってみる。使い方が当たっていたらOKで、おかしかったら正される。試行錯誤するなかで、自分なりの使い方が作り上げられる。

とくに「自分の感じ方」は他人から見えないから、他人に伝えるための的確に表わす言葉はすぐに見つかるとは限らない。「今感じていることは、よく使われている言葉では何だかうまく表わせない。別の表現はどうだろうか？」などといろいろ悩んで、やっといくつか候補が見つかる。それがある程度たまると、ようやく「自分の感覚」として言語化できるようになる。そのプロセスのなかで「論理はどういう仕組みなのか？」「どうやって構成したら効果的か？」などというテクニックも鍛えられる。

内面は他人に見えない

↓

内面の「感じ」を表わす言葉は簡単に見つからない

●「思いやり」がない人

だが、そんな苦労は面倒だと思う人は、自分の「感じ」はそのまま他の人に伝わる、と簡単に思い込む。彼らにとって「私」と言えば、他ならぬこの自分のことだ。他の何十万人の、自分とまったく状況の異なる人が、同じ言葉「私」を使って違うことを感じたり考えたりしているとは想像もしない。

他人も自分のクローンのようなものだとイメージしている。だから「みんなそう言っているよ」とか「常識で考えろ」という言葉も抵抗なしに出てくるし、「国民にもっと説明を！」などと、簡単に自分が国民代表になったりする。「みんな」や「国民」が本当は何を考えているかどうか、確かめもしない。

こういう人は、ひと言で言えば「思いやり」がない人と言えるだろう。「思いやり」とは、相手のことを、自分のことのように考えるという「感情移入」を意味するだけではない。むしろ、**他人は自分と違ったことを感じているかもしれないと想像できる**という意味である。自分の行為や言葉が他の人からはどう見えるか、他人は自分と違った感じ方をしているのではないか、と他の方向から検討する能力なのだ。

その力が働かないと、言葉は必然的にひとりよがりとなる。困るのは、こういう人ほど、他人に対する想像力が働いていないので「他人の身になれ」と説教しやすいことだ。ここの「他人」とは十中八九「自分」のことだ。つまり「他人の身になれ」と言いながら、その実「オレのことを無視するなよ」と言っているだけなのだ。しかも、そういう自分を「思いやりのある善人」と自画自賛しがちだから質《たち》が悪い。

「思いやり」がない人
↓
自分と他人を混同する
↓
想像しない
＋
自己肯定

こういう人は、社会問題を考えるときも、多様な人が関わることを無視して、今の自分を基準にする。自己中心的に発想するので、今の自分を刺激すれば、こんな反応をするという予測に基づいて、他人への対処を考える。別の反応をする人間がいるかもしれないということに思いが及ばない。その典型が、法律で厳しく取り締まれば犯罪が減るとか、教育・しつけなどを厳しくすれば、よい行動ができるという思い込みだ。

❷いつも正しいことを言いたがる人々

【傾向と症状】

・正しいけれど無意味な表現を使う
・いつも批判する立場に立つ
・捨て台詞で印象操作する
・陳腐な定型パターンを使い回す
・粗雑な比喩でイメージを作る
・社会問題を捏造《ねつぞう》する

●大衆の好みに合わせるメディア

「直感主義者」は、社会の大部分を占めるので、マスコミなどでは、そういう層を狙って独特な言葉の使い方も生まれる。これを「**陰謀系のマジック・ワード**」と、とりあえず呼んでおこう。「陰謀」とは言っても、イルミナティとかフリーメイソンのことではない。明らかに間違いとわかっているにもかかわらず、大衆の思考や好みの傾向に合わせて、適当な嘘を言ったり、ごまかしをしたりする傾向のことである。

●無意味に正しい表現を使う

たとえば、マスコミは、いつも正しい側に立ちたがり、間違った側を糾弾したい。だから、間違ったことは言えない。「市場の判断が注目されます」は、その典型だろう。為替相場や経済状況は猫の目のように変わり、その予測をするのは至難の業だ。しかし、だからといって「これからどうなるかは誰にもわかりません」とは言えないから、「市場の判断が注目されます」と述べる。

たしかに、こう言っておけば、相場が上がろうが下がろうが「予想と違うじゃないか」とは言われない。だが、この表現はちょうど「晴れか雨かは、明日の天気で決まる」と言っているようなものだ。天気予報でこんな表現を使われても、何の役にも立たない。それでも「正しい側に立ちたい」から、こんな妙な表現をこしらえるのである。

無意味なのは「悩ましい問題である」なども同様だろう。「問題」とは、解決が要求されている状況だ。大きな問題であればあるほど、いくつかの選択肢があり、それぞれに得失があるので、たいてい「こちら取ればあちら立たず」というジレンマに陥る。どうしようか、どうしたらいいいか、と当事者たちが悩む。だから「問題はいつも悩ましい」。そもそも、悩ましくないならすでに問題ではないのだ。

どんなときでも正しい発言 ➡ 現実と無関係になる ➡ 有益な情報にならない

こういう発言は「トートロジー（同義語反復・恒真式）」と言われる。どんなときでも正しい言葉だ。しかし、これは一見よさそうだが、現実と何の関係もないので、有益な情報ももたらさない。**コメントは間違う可能性があるからこそ、意味がある。**天気予報も明日雨が降るリスクを冒して「晴れます」と断言するから意味を持つのだ。間違いを恐れてばかりいると、結局、無意味な情報をまき散らすことになる。

●正しい「批判」は無意味な「批判」

なるべく「正しい」立場に立ちたい、という欲望は、自分がいついかなるときでも、相手を「批判できる立場」に立ちたいという態度にも通ずる。だから「市場の動きに注目したい」と同じように、どんなときでも役立つフレーズを使って、いかにも「批判的立場」に立っているという印象をつくろうとする。

たとえば「本当に今必要なものでしょうか？」は、第1章でも述べたように、データによるコメントや主張に対して、論理で切り返すやり方だ。実験や観察でわかったことは、YesかNoか、というきっぱりとした形で言えない。「だいたい、こういう関係がある」とか「たぶんこういう結果になるだろう」というもの言いになる。これは、実験・観察をちょっとでもやったことのある人だったら、すぐわかるはずである。だが、そのギャップを利用して「本当に今必要か？」とか「可能性はゼロではないはず」などと強引に迫る。

いつも正しいことを言う
↓
いつも批判的立場
↓
無意味な批判フレーズ

発言している本人は、何か有益な異論を提出しているつもりかもしれないが、これも前述したトートロジーと同じで、実質的な意味を持たない。「おまえの言っているのは科学の理屈だ。しかし、私は、そういうもの言いは信用できない」と言っているようなものだからだ。相手の土俵に乗りたくないと言っているなら、対話のしようがない。

●捨て台詞と、どんでん返し

一方で、ＴＶでも新聞でも、一つの記事や話題は３分なり20行なりと物理的なスペースが決まっている。その中で、何とか区切りをつけなくてはならない。したがって、ラストの言葉は、ラストの位置にあるというだけで、他の言葉とは違った重要性を持つ。

たとえば、いろいろコメントした後で、「本当に今必要なものでしょうか？」とか「可能性はゼロではない」と言えば、それで視聴者・読者に疑いの念を持たせられるし、「二度と繰り返されてはならない」と重々しく威厳を持たせることもできる。言うなれば、**捨て台詞を活用することで、印象操作を行なえる**のである。

物理的限界
↓
ラストの言葉の重要性
↓
捨て台詞による印象操作

芝居には「どんでん返し」という技法がある。伏線を周到に積み上げて、それまで積み上げてきたストーリーをラストでひっくり返して、意外な結末をつけるやり方だ。だが、ニュースは、そもそも情報自体が不十分だから、それほど緊密な構成にはできない。雑多な情報をとりあえず披露し、関連が不明確でも適当なまとまりをつける。いろいろな場合に使い回すには、最後の言葉は曖昧なほうがいい。

たとえば、あれこれと解説したあげく、「実行するには、強力なリーダーシップが必要になるでしょう」と締めくくる。もちろん「リーダーシップ」と言っても、自分が旗振り役をするつもりはない。「リーダーがいたらいいな」と待望しているだけなのだが、何となく重々しい。

「主体性をもって取り組む必要がある」も同様だ。「主体性」で何をするか、具体的にはよくわからない。もし、それぞれがそれぞれの思惑に従って行動するのが「主体的な行動」だとしたら、結局、どんな行動をしても「主体性」の発揮になるだろう。「主体的」という言葉に何となく肯定的なニュアンスがついて、ポジティブな印象を持たせているのだ。

●定型パターンで処理する技法

これらの問題は、少ない知的リソースで複雑な現実を処理する必要から発生している。一つひとつの問題を真面目に考えていくと簡単には処理できない。それどころか、処理する前に次の問題が起こってしまう。それを処理しているうちに、さらに次の問題が生じる。こんなことが続くと、現実をまともに考えることはバカバカしくなる。むしろ、**わかりやすい原**

理や素朴な道徳観に訴えて、次々にレッテルを貼って片づけるというテクニックが発達する。

たとえば「キレる若者」や「心の闇」という表現は、続発する社会的事件をとりあえず性格づける言葉として重宝された。若い世代が関わっている事件ならば「キレる若者」が起こしたと言われ、原因や動機がわからないと「心の闇」と片づけられる。「心の闇」とは、心の中が暗くてよく見えないという意味だから「動機はよくわからない。理解できない」と言っているにすぎない。だが、それをもっともらしい響きに置き換えることで、意味のあることを述べている印象を与えるのである。

少ない知的リソース
⬇
多くの情報を処理
⬇
ステレオタイプ

●粗雑なイメージとステレオタイプ

当然のことながら、こういうレッテルを支えるロジックは**陳腐・平凡になると同時に、具体的な提案や実行に落とし込めない**場合が多い。たとえば、「(いじめの) どんな小さな徴候も見逃さない」。たしかに「いじめ」が自然現象のように、「小さな徴候」からはじまって、しだいに拡大していくものなら、なるべく「小さな徴候」のうちに確認しさえすれば、いじめを未然に防げるかもしれない。

しかし、前述したように「いじめの存在の確認」は、顕微鏡で熱心にのぞけば発見できる自然現象ではない。目撃者の証言を集めて、高い確率で「ある」と推測して、裏づけとなる物的証拠を探す。そのうえで、被害者・加害者を集めて追及して告白させ、それから親を呼びつけて厳しく責任を問う、という順番になる。当然、当事者は事実を隠す。被害者でさえ「学校・教師に告げ口することは悪いことだ」と思い込んでいるので「いじめはない」と明言することも少なくない。ましてや、加害者の親は自分の子どもを守りたいから、全力で「いじめの疑い」を否定するだろう。こういう二重三重の障害の中で「存在確認」をしなければならないのだから、相当の決意と確信がなくてはやれないだろう。

逆に言えば、問題が危機的な状態にあると認められていないと、強い対応は取れない。「小さな徴候」のうちにやたらと手を出すと「うちの子は、そんな弱い子ではない！」とか、「何でうちの子を犯罪者扱いするんだ？」などと逆襲を食らいかねない。もし一度でも、その対応に失敗したら、問題がありそうだと感じても、迂闊《うかつ》に介入できなくなる。「どんな小さな徴候も見逃さない」という標語を掲げる人は、こういう現実の大変さを知らないから簡単に発言できるのである。

社会問題の仕組み ≠ 自然現象の発生の仕方

●社会問題は創られる

実際、社会問題が注目を浴びるプロセスは、自然現象とは大きく異なる。社会学では「社会問題は（存在するというより）創られる」ものだととらえる。つまり、ある問題が「解決を要求する」重要性を持つと社会的に認められるには、まず、それを「問題」だと言挙げする人が必要なのだ。起業と同じように「事態をリードする人＝アントレプレナー」がいて、それがある事柄を焦点化して「解決を必要とされる問題」として社会に注目させる活動をする。その活動がうまくいけば、**「問題」として認知され、金や時間がそこにつぎ込まれる。**

もちろん、こういうメカニズムに関わるのは、専門家・研究者だけではない。ジャーナリストも社会活動家も、「市民」も「被害者」も「患者」も、メディアに取り上げてもらうべく、アピールをする。たとえば、まず「被害者」が声を上げ、その分野の専門家・研究者を連れて来て、コメントさせる。メディアがそれをニュースとして取り上げ、「識者」として、専門家・研究者・活動家が招聘され、重要問題として認知させようと努力する。そうしているうちに、政府も動かざるを得なくなる。すると、その一定の波紋を利用して、活動家たちはまたメディアにアピール。すると……。こういう循環の中で、社会問題はしだいに大きく成長していくのである。

●社会問題の循環

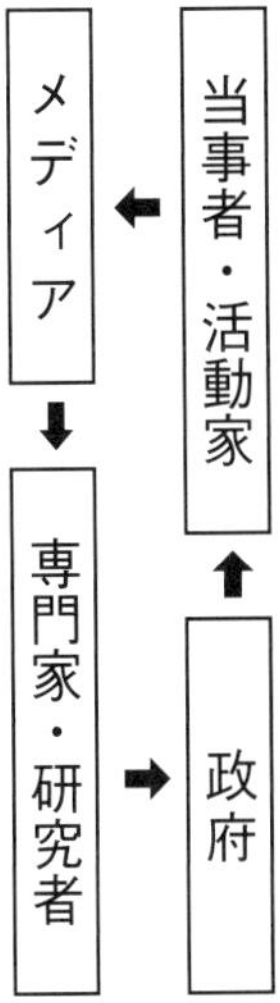

たとえば「地球温暖化」の問題は、この循環の中で大きくなった、とよく言われる。「公害」問題で多数の運動家が生まれ、ひと段落したところで、彼らはそれまで培った視点から周囲を見渡す。すると、生産者が起こす「公害」だけではなく、消費者・人間活動が引き起こす「環境問題」が目についた。難しい問題でやりがいがありそうだ。そこで、誰かが「温暖化仮説」を唱える。面白い仮説だというので、気象学者が飛びつき、実証しようとデータを調べる。解釈によって、いろいろ証拠らしいものが出てくる。騒ぎになるとメディアも動

き出す。メディアが動くと、政府も動かざるを得ない。政府が動くので大衆も認知する。専門家たちも互いの立場から、データと理論のバトルを繰り広げるので、結局、何が正しいかよくわからなくなる。だから、とりあえず有利そうな仮説に賭ける。「環境問題」が「さまざまなリソースを注ぎ込まれるべき社会問題」として成長しているなら、それにコミットした発言のほうが世に受け入れられやすいし、研究資金も取りやすいだろう。

●専門家への偏愛と憎悪

一方で、専門家は、「権威」として「あの大家がああ言った」「最新の研究ではこうだ」と引用されたり、「ろくなデータもないのに勝手なことを言うな」「何の資格があって言えるのか？」とバッシングされたりする。当然「専門家の言うことはデタラメだ」という反権威風の言い方にも人気が出てくる。たとえば「健康でいたいなら、医者にかかるな」とか、「近代西洋医学はダメだ！」など、医学の専門家が主張するという皮肉な事態も出てくる。

［自分で考えない］＝［多数・専門への依存］＋［専門家への不信］

結局、メディアの言い方に頼って、自分の意見や判断をしていると、**他人の意見の寄せ集**

めになって支離滅裂《しりめつれつ》になる。一つの意見と、他の意見との間の整合性など気にかけないし、気にもしないので、あるときは専門家を引き合いに出しつつ、あるときは専門家を非難する。結局「市場の判断が注目される」「リーダーシップが発揮されなければならない」など、あなたまかせの言い方で気を休めるしかない。気分の赴《おもむ》くままに、適当な内容を利用して悲憤慷慨《ひふんこうがい》し、一喜一憂する羽目になるのである。

❸そして何も考えなくなった人々

【傾向と症状】

・論理矛盾に気づかない
・トレード・オフを想定しない
・集合の誤謬《ごびゅう》がわからない
・メカニズムでものごとを考えない
・善意に酔ってデータを曲解する

●論理矛盾を気にかけない

メディアと知らず知らずのうちに結託すると、我々の言葉は「付和雷同」と「支離滅裂」になる。誰かが言った意見を繰り返す。雰囲気やイメージ、あるいは通念だけで適当に発言する。**自覚的にものを考えないので、態度や言葉が矛盾している**ことにも気がつかない。

たとえば、一方で「暴力的なゲームばかりやっているから本当に凶悪な犯罪に走る」と言いながら、他方で「恋愛ゲームばかりやっているから本当の恋愛ができなくなる」と主張する。前者は、ゲームに耽溺《たんでき》すると現実行動が激しくなると考えるのだが、後者はフィクションに耽溺すると現実的行為が弱まると主張している。正反対の理屈を立てているのだが、それに気がつかず、同じ人が同時に主張することも少なくない。

フィクションは現実の行動を促す

⇕

フィクションに耽溺すると行動できない

●トレード・オフを想定しない

こういう人はシンプルな解決を好み、現実が変えられないのは、「抵抗勢力がいるからだ」と思いやすい。だが、いろいろな要素が複雑に絡み合っているので、一つを変えれば、その影響が全体に広がり、別なものも影響を受ける。だから、**何かをよくしようとすると、たいてい他の部分に損害をもたらす**という「トレード・オフの関係」になる。その矛盾をどうするかが大人の知恵の絞りどころなのだが、単純な人は考えることが嫌いだ。だから、「組織一丸となって立ち向かう」「意識改革をすべきだ」などという勇ましいスローガンに弱い。

でも、トレード・オフを考慮すれば、改革は必ず歪みも生む。たとえば「公務員改革」をして、待遇を極端に下げれば、公務員志望者が少なくなり、必然的に行政サービスが低下する。たとえば、某国では警察官の給料が安い。そこで、警察官は定期的に検問して、金を持っていそうな人から罰金を取ることになる。もちろん、その金は国庫には入らず、警察官の小遣いとなるのである。警官の給料のコストを下げることはできたが、警察システムは劣化する。これでは、改革の意味はないだろう。

そういえば、日本の某市でも「教師の給料を下げる」としたとたん、教員志望者が大幅に減ったとか。その結果として、某市では、レベルの低い志望者も採用せざるを得なくなった。結果的に教育サービスは低下する。わけがわかった大人だったら、そのくらいの想定はすべきなのだが、そういう構想力・理解力に欠けているために「改革をしよう！」という言葉だけで舞い上がってしまうのである。

●社会のメカニズムが理解できない

こういう人々はメカニズムをじっくり考えられないし、理解する根気もない。だから、「みんながよい心がけをすれば、社会全体もよくなる」などと信じたがる。しかし、その簡単な理屈が成り立つには、実にさまざまな前提が必要になる。**個人で成り立つことは、必ずしも**

社会全体で成り立つとは限らないのだ。

たとえば、アメリカの「禁酒法」は有名だ。飲酒はよくない習慣であり、やめたほうがよい。酔ってトラブルを起こしたり健康を害したり、ろくなことがない。「社会の害悪だ」という声が高まり、１９２０年代に酒の販売を禁止した。これで、社会は安全・安心になったか？

残念ながら逆だった。酒を飲みたい人は相変わらずいたので、酒の値段が高騰してその取引に関わった人に莫大な利益をもたらした。そこで、ギャングが販売に手を出し、利益でマシンガンを手に入れ、縄張りを確保しようと銃撃戦を引き起こす。それに市民も巻き込まれる。警察も必死で取り締まったが効果が現われず、結局「禁酒法」自体が廃止された。個人のレベルでよいことでも、社会的に規制すると、かえって無秩序になるのである。

おそらく、この法律がうまくいくためには、二つの前提が満たされねばならなかったと思われる。

①人々は法律で禁止されたことは基本的に守る
②悪い習慣はやめさせることができる

だが、非合法化したことで、反社会集団が法律を無視して利益を得ようとする一方で、法律で禁止されても酒を飲みたい気持ちは変わらなかった。二つの前提はどちらも満たされなかった。需要があれば、供給はどこからか現れる。悪を根絶しようと試みた結果、より大きな悪を招いたのである。

個人の倫理	≠	社会の規制
善悪の観念	≠	法律

法律など関係ないという確信犯に対しては、法律の効果は少ない。だから禁止するコストが高くなる。それぐらいなら放っておいたほうがよい、という現実的判断も考慮しなければならない。しかし、こういうメカニズムを詳しく説明しても、すんなりと理解されない。むしろ、話半分に聞いて、すぐ「非常識だ」とか「おかしい」と決めつけたり、「難しい話ばかりして、我々をバカにしているのか?」といきり立ったりする。

●善意でデータを曲解する

このように、倫理や善意だけで社会問題を判断すると、大きな間違いを犯すことも多い。

たとえば、最近、アメリカでは売春をしている未成年の女性がはじめるのは平均13歳からだという衝撃的なデータが発表された。これほどの低年齢ではじめるからには、大人から何らかの「強制」や「そそのかし」があったに違いない。そういう悲惨な性的搾取から、いたいけな少年少女たちを救い出せ、という政策が推進された。

しかし、これは善悪という観念が入り込んだために「データの曲解」が起こった例だ。実は、このデータは「未成年で売春をする者」への聞き取り調査に基づいている。つまり、18歳以下で「売春をしている者」にインタビューしたところ、はじめたのが13歳くらいだというのだ。

これは、明らかにインタビュー対象が偏っている。18歳以上の売春を業とする者は調査から除外され、とくに若い人に偏って調査が行なわれているのだから、開始年齢が若くなるのは当然で、何も驚くことはないのだ。実際、ある地域で「小学生で亡くなった者」の年齢の統計をとれば、８〜９歳という数字が出てくる可能性は高いだろう。しかし、だからと言って、８〜９歳がその地域の平均寿命だとは主張できないはずだ。「少年少女を救え」という使命感と道徳的判断が結びついたために、データの正確な読み方ができなくなり、政策の根拠になってしまったのだ。

●善意が陰謀論を生む

売春は、強制や性的搾取の結果とは限らない。むしろ、家庭でのネグレクトや虐待などで、子どもたちが家にいられなくなることが問題なのだ。お金に困ると、同じような境遇の仲間から勧められる。他の仕事に比べて簡単に稼げるから続ける。これが実態だとすれば、「性的搾取からの解放」政策は失敗するだろう。なぜなら「解放」しても、彼らはまた生活のためにその仕事に舞い戻るだけだからである。

しかし「子どもの解放」を進める人々は、動機が善意であるだけに、このような「反省」を不純だと反発し、さらに不毛な政策を推進しようとする。「子どもを救え！」という**ミッションに従う自分に道徳的満足を感じ、効果が見込めない方法にのめり込む**。こんなに努力しても結果が出ないのは、協力すべき人が裏切っていたり、対策が徹底していなかったりするせいだと考えるのだ。これでは、陰謀論と紙一重である。

善意の人々

⬇

反省を不純だと反発する

●近代の前提＝寛容と熟慮

こういう道徳や宗教的信念に頼って「考えない人々」には、マジック・ワードが力を持つ。自分が正しいと思い込み、その信念に従ってしゃにむに突き進む姿は、かつて西洋で行なわれた「宗教戦争」によく似ている。自分の信じていることを絶対だと信じ込み、それと反対の意見を持つ人々を、善意・正義を邪魔する「悪魔」の手先だと思い込んで、迫害するのである。

ヨーロッパでは、こういう「宗教戦争」は２００年も続き、その間に国土は焦土と化した。近代になって、やっとその愚かさに気づき、「宗教＝信念」は個人の内部に秘めるべきで、公的に強制してはいけない、という寛容の原理が成立したのである。

近代の前提 ＝ 公私を分ける

↓

公は私の信念を規制しない

だが、アメリカにまだ「宗教右翼」などという不寛容な集団も生き残っている。日本も、比較的早く社会が世俗化したおかげで、宗教戦争の悲惨さをここ数百年経験していない。だから、**公的な枠組みと私的な枠組みは違っており、私的な善を社会にそのまま適用してはな**

らないという意識がはっきりしなかったかもしれない。

結局、現代でも「私」は曖昧に「みんな」につながり、それが「多数の意見＝民主主義」という美名で個人に押しつけられる。「空気を読む」などという言い方が流通するのも、そういう多数への従属を別な形で言い表わしたものだろう。自分と社会のあり方の違いに無自覚なので、マジック・ワードが排除できていないのだ。

おわりに

私は、学生からビジネスマンまで、今まで何千何万という文章を添削指導してきた。その中には、論文や志望理由書もあれば、研究計画書も企画書も市場分析もある。

その表現を直し、文意を明確にする過程で、何を書けばいいかと困った人たちが共通して使うフレーズに気がついた。本人はそれを使うと、**一瞬世界がわかったような気になるらしい。だが、実は、かえって文章の意味を混迷させ、内容のレベルを下げる。**わかったような、わからないような言い回しを使って、思考を展開するので、結論も論理もムチャクチャになる。こういう表現は、会社にもメディアにもあふれ、そのために我々は、ビジネス・シーンでも生活でも、無駄な苦労を強いられている。

そういうピット・フォール（落とし穴）に陥らないためには、**問題を正確にとらえ、最初の理解を明確にしなければいけない。**わかった気ではなく、実際に具体策に落とし込めるような実践的な理解をしなければならない。その理解に基づいて、論理的に展開して妥当な解決策にたどりつく。必要があれば、反対意見や対立にも配慮して、バランスの取れた結論に導かねばならない。

面白いのは、元の文章に、そういうチェックや添削を重ね、書き換えを続けているうちに、書いている人たちがだんだん元気になっていくことだ。添削の回数が多くなるにつれ、「これこそ、本当に私の言いたかったことです」「今まではぼんやりしていたけれど、私は、実はこういうアイディアを持っていたんですね」と異口同音に言うようになる。他人に手を入れられた文章なのだから、「より自分のものになる」と感じるのはおかしなはずだが、どうしてもそう感じるらしい。

逆に言えば、あらためて人から指摘される機会がないと、我々は出来合いの表現で世界や自分をとらえ、自分が何を考えているか、何を感じているかさえ、わかっていないのかもしれない。まさに、ブラック・マジックにかかりながら人生をすごしている、と言うべきだろう。

この本を読むことで、そんな「正しそうな言葉」に満足せず、少しでもいいから、自分なりに考えていこうとする試みにつながってくれれば、著者としてはこのうえない幸せである。

2014年2月

著者

吉岡友治（よしおか　ゆうじ）
VOCABOW小論術校長。仙台市生まれ。東京大学文学部社会学科卒。シカゴ大学大学院人文学科修了。専攻は演劇と文学理論。駿台予備学校・代々木ゼミナールで20年にわたり国語・小論文の講師を務めた。日本語における小論文メソッドを確立し、ロースクールやMBA志望者に論文指導を行なう一方、各地の学校・企業・コンサルタントを対象に、論理的表現の研修を行なっている。明晰な文章分析メソッドを適用し、社会論や芸術論、マジック・ワード論などの分野で活動している。『だまされない〈議論力〉』（講談社現代新書）、『いい文章には型がある』（PHP新書）、『必ずわかる!○○主義事典』（PHP文庫）、『東大入試に学ぶロジカルライティング』（ちくま新書）、『社会人入試の小論文　思考のメソッドとまとめ方』（実務教育出版）など著書多数。最近では、インドネシア・バリ島にも仕事場を持ち、東京とバリとを往復するプチ・ノマド的な活動を展開している。

VOCABOW小論術: http://www.vocabow.com
メールアドレス: office@vocabow.com

「自分《じぶん》の考《かんが》え」を論理的《ろんりてき》に伝《つた》える技術《ぎじゅつ》
その言葉《ことば》だと何《なに》も言《い》っていないのと同《おな》じです!

2014年2月1日　初版発行
2014年9月10日　第2刷発行

著　者　吉岡友治
発行者　吉田啓二

発行所　株式会社日本実業出版社　東京都文京区本郷3－2－12 〒113-0033
大阪市北区西天満6－8－1 〒530-0047
編集部 ☎03－3814－5651
営業部 ☎03－3814－5161　振　替　00170－1－25349
http://www.njg.co.jp/

印刷／厚徳社　　製本／共栄社

この本の内容についてのお問合せは、書面かFAX（03－3818－2723）にてお願い致します。
落丁・乱丁本は、送料小社負担にて、お取り替え致します。

ISBN 978-4-534-05151-6　Printed in JAPAN